Luan Ferr

Oracle Arcturien
La Danse Du Chaos
2ème Édition

Droits d'auteur
Titre original : Oráculo Arcturiano
Copyright © 2021, publié en 2024 par Luiz Antonio dos Santos
Ce livre est une œuvre qui explore l'holisme et les pratiques ancestrales appliquées aux besoins contemporains. Il intègre les dimensions physiques, émotionnelles et spirituelles pour la guérison et la connaissance de soi. Il est destiné à la réflexion, à l'étude et à la croissance personnelle, et ne remplace pas les conseils médicaux ou psychologiques professionnels.
Il s'agit de la deuxième édition de ce livre.
Équipe de production de la deuxième édition
Auteur : Luan Ferr
Révision : Virginia Moreira dos Santos
Révision : Arthur Mendes da Costa
Conception graphique et mise en page : Anderson Casagrande Neto
Traduction : Jacques Dubois

Publication et identification
Oracle Arcturien / Par Helena Costa
Booklas, 2024
Catégories : Corps, Esprit et Âme / Spiritualité
DDC : 158.1 - CDU : 613.8

Avis de droits d'auteur
Tous droits réservés à :
Éditeur Booklas / Luiz Antonio dos Santos
Ce livre ne peut être reproduit, distribué ou transmis, en tout ou en partie, sous quelque forme que ce soit, électronique ou imprimée, sans l'autorisation expresse du titulaire des droits d'auteur.
Rue José Delalíbera, 962
86.183-550 – Cambé – PR

Inhaut

Avant-Propos 5
Chapitre 1 L'art De La Divination 7
Chapitre 2 Les Mystères De L'espace Et Du Temps 15
Chapitre 3 Les Énergies Universelles 23
Chapitre 4 Les Outils Divinatoires 32
Chapitre 5 L'astrologie Cosmique 42
Chapitre 6 Le Don De Clairvoyance 51
Chapitre 7 Déchiffrer Les Rêves Prophétiques 61
Chapitre 8 Le Flux De L'univers 67
Chapitre 9 L'énigme Du Destin 75
Chapitre 10 Les Prophéties 84
Chapitre 11 La Danse Du Chaos 93
Chapitre 12 Les Lignes De Temps 99
Chapitre 13 L'écoulement Du Temps 106
Chapitre 14 La Profondeur De L'infini 113
Chapitre 15 Portail De La Connaissance Universelle 119
Chapitre 16 Révélations Du Futur 126
Chapitre 17 Prédictions Pour L'humanité 132
Chapitre 18 L'amour, Force De Transformation 139
Chapitre 19 L'équilibre Cosmique 143
Chapitre 20 Le Destin De La Terre 147
Chapitre 21 La Profondeur Du Présent 152
Chapitre 22 L'unité Universelle 157
Chapitre 23 La Danse Du Changement 161
Chapitre 24 Le Voyage Continue 165

Épilogue Unir Le Ciel Et La Terre.. 169

Avant-Propos

Dans les ombres du vaste univers, là où les étoiles dansent une chorégraphie cosmique et où les secrets du temps sont chuchotés par le vent intergalactique, un chemin transcendantal connu sous le nom d'Oracle Arcturien est révélé.

Ce livre est un passage à travers les constellations, guidant ceux qui cherchent plus que la réalité visible, éclairant les dimensions inconnues et les mystères qui attendent dans les plis du temps.

Les Arcturiens (êtres de lumière et de sagesse cosmique) lèvent le voile entre le tangible et l'intangible, offrant des aperçus du futur et des visions profondes du présent. Il ne s'agit pas d'un simple livre, mais d'un portail qui permet de comprendre les tissus de l'univers et d'interpréter les lignes du destin.

Entrez avec un esprit ouvert et un cœur sans peur, car ce livre dévoile un voyage qui transcende l'espace et le temps, tissant un récit où la magie se mêle à la réalité. Explorez les pratiques spirituelles des Arcturiens, entrez en contact avec les énergies cosmiques et découvrez les secrets de l'Oracle qui transcende les limites humaines.

Chaque chapitre est une porte vers une nouvelle dimension, une salle d'écoute où les murmures des étoiles deviennent des résonances intérieures. De l'éveil de la conscience à la danse des étoiles, ce livre est une invitation à un voyage au-delà des limites du connu, où le mystère est le guide et l'intuition la boussole.

Embarquez maintenant, intrépide chercheur, et permettez à l'Oracle Arcturien d'être votre guide sur les chemins de l'inconnu. Car dans les pages qui se déroulent devant vous, la magie attend, et les réponses émergent comme des étoiles filantes dans l'immensité de l'univers.

Chapitre 1
L'art De La Divination

Dans le vaste cosmos, en orbite autour de l'étoile resplendissante Arcturus, se trouve la planète d'origine des Arcturiens. Cette race extraterrestre, dotée d'extraordinaires capacités de clairvoyance et de manipulation de l'espace-temps, remonte à l'aube primordiale de l'univers. Les Arcturiens, comme on les appelle, ont transcendé les frontières conventionnelles de la connaissance cosmique, devenant un guide pour ceux qui cherchent à comprendre les chemins complexes du temps et de l'existence.

Le voyage des Arcturiens commence lorsque les architectes cosmiques suprêmes sèment les graines quantiques destinées à fleurir sur d'innombrables mondes. Parmi ces étincelles primordiales, les enfants préférés d'Arcturus et les grands destins qui les attendent ont déjà été entrevus. La planète Arcturus Prime, berceau de beauté et d'abondance, reflète l'harmonie et la prospérité cultivées par des générations d'Arcturiens, dont les valeurs transcendent les limites de l'intellect, guidées par une discipline intellectuelle alliée à une sagesse intuitive.

La légende entourant l'aura mystique du peuple Arcturien remonte à des âges insondables, où les promesses de merveilles naturelles fleurissaient sur de multiples mondes. Dans ce cadre grandiose, les Arcturiens se distinguent non seulement par leur technologie, mais aussi par la synthèse unique entre leurs réalisations technologiques et les nobles principes qui imprègnent leur société. Sur Arcturus Prime, le pragmatisme calculateur se mêle à l'éthique et à la compassion universelles, créant un réseau de valeurs qui transcende l'existence elle-même.

Des générations d'érudits arcturiens dévoués ont perfectionné des systèmes sophistiqués qui transcendent la simple observation cosmique, capturant et corrélant des modèles subtils entre les variables qui influencent le tissu probabiliste de l'espace-temps. Ces analyses ne sont pas de simples observations lointaines, mais des fenêtres sur l'avenir et le passé, fournissant des informations pertinentes sur les tendances et les événements clés avec une précision qui défie l'entendement conventionnel.

Le génie technique des Arcturiens ne réside pas seulement dans un équipement de pointe, mais aussi dans l'extraordinaire capacité mentale de ses habitants. Dès leur plus jeune âge, les individus talentueux sont identifiés pour subir un entraînement neuropsychique intense. Ce parcours vise non seulement à affiner les capacités de clairvoyance, de précognition, de rétrospection et de projection astrale, mais aussi à se transcender dans une sphère hyper-sensorielle. Ces individus, connus sous le nom d'"Oraculistes", deviennent des maîtres dans l'art de séparer leurs essences immatérielles de leurs enveloppes corporelles, projetant leurs consciences à n'importe quel moment ou lieu pertinent afin d'obtenir des aperçus prophétiques fiables.

En mûrissant, les Oraculistes réalisent de véritables prouesses d'ubiquité spatio-temporelle, en habitant d'autres corps bioénergétiquement compatibles. Que ce soit dans des chronologies éloignées ou des avatars artificiels dans des réalités virtuelles hyperréalistes, ces émissaires arcturiens sont témoins d'événements probabilistes avant de formuler des prédictions. Lorsqu'ils reprennent leur forme originelle, ils apportent avec eux une mine d'expériences et d'informations, cataloguées et recoupées avec des modélisations informatiques de mondes parallèles afin d'obtenir des prédictions finales fiables.

L'éducation éthique fait partie intégrante de la société arcturienne. Dès leur plus jeune âge, tous les citoyens sont éduqués aux nobles idéaux qui devraient régir l'utilisation responsable des connaissances privilégiées sur l'avenir. La révélation de visions n'est autorisée que si elle n'interfère pas de manière préjudiciable avec le cours naturel des événements ou si elle ne viole pas les droits universels élémentaires. Cet engagement éthique est renforcé par le serment sacré que chaque Oraculiste prête au Haut Conseil Psychotronique de l'Arcturus avant d'effectuer des opérations visant à capter directement de profondes connaissances temporelles.

Cette approche éthique est maintenue par des audits méticuleux du Haut Conseil. Seules les prévisions approuvées, après un filtrage éthique rigoureux, sont mises à disposition à différents niveaux de détail. La précaution est cruciale pour éviter des impacts catastrophiques sur le flux temporel si des informations trop sensibles sont révélées prématurément à des civilisations non préparées.

La technique raffinée de l'équipement de simulation et de projection temporelle des Arcturiens, bien que vitale, ne représente qu'une facette du système oraculaire. L'essentiel réside dans les extraordinaires facultés mentales des Oraculistes.

La capacité à "habiter" d'autres corps et à projeter leur conscience à différentes époques n'est pas seulement une démonstration de puissance, mais une responsabilité éthique. Lorsqu'ils reviennent à leur forme d'origine, les Oraculistes apportent avec eux non seulement des informations, mais aussi le poids des choix et des expériences qu'ils ont vécus au cours de leurs missions astrales. Ces expériences sont systématiquement répertoriées et recoupées avec la modélisation informatique des mondes parallèles, ce qui permet d'obtenir des prédictions qui transcendent la simple linéarité temporelle.

L'éthique, pilier fondamental de la société arcturienne, est renforcée par le serment sacré au Haut Conseil Psychotronique. La transparence est maintenue et chaque opération oraculaire est soumise à un audit minutieux par les maîtres ascensionnés du Conseil. Ce processus garantit que seules des prédictions éthiques, conformes aux principes fondamentaux, sont publiées pour consultation. L'intégrité du système oraculaire des Arcturiens est une garantie contre l'utilisation abusive de connaissances privilégiées sur l'avenir.

Cependant, même des demandeurs sincères peuvent se voir refuser des informations sur des événements spécifiques. Le Haut Conseil, soucieux de préserver l'équilibre cosmique, reporte ou refuse les révélations susceptibles de présenter des risques inacceptables ou des perturbations injustifiées. La responsabilité transcende le désir individuel ; elle est une garantie contre l'abus potentiel des informations oraculaires en faveur d'intérêts égoïstes.

Au fil des millénaires, la cohérence éthique des Arcturiens dans le traitement des questions limites de l'éthique transcendantale a bâti la réputation inébranlable du légendaire Oracle d'Arcturus. Sollicité régulièrement par les membres de haut rang du Grand Conseil Cosmique avant de formaliser des résolutions pan-dimensionnelles, l'Oracle est une source fiable d'intuitions temporelles profondes. Cependant, la diffusion prudente de ces prédictions est cruciale pour éviter des perturbations catastrophiques du flux temporel.

Les prédictions des Arcturiens, bien que précises, ne sont pas considérées comme des certitudes inflexibles. L'omniscience qui leur est souvent attribuée est démythifiée. Même les prédictions les plus fiables sont considérées comme des extrapolations logiques dérivées des connaissances glanées dans les plans subtils de la réalité. Les maîtres oracles mettent en garde contre la nature probabiliste de tout déterminisme manifeste, soulignant qu'un certain degré d'incertitude imprègne toujours les marges de toute prédiction, aussi bien fondée qu'elle puisse paraître.

Pour garantir une approche responsable, les prédictions sont partagées dans les formats les plus génériques possibles. Le langage est souvent ambigu, plein de métaphores et de métonymies. Ce choix n'est pas une limitation, mais une garantie pour éviter les interprétations trompeuses, les distorsions herméneutiques accidentelles ou les prophéties qui se réalisent d'elles-mêmes. Les prédictions sont proposées d'une manière soigneusement calibrée pour respecter le libre arbitre des destinataires et minimiser les risques associés à un sens fataliste du déterminisme.

Lorsqu'il est consulté sur des questions d'importance historique ou cosmique, l'Oracle Arcturien adopte une approche prudente. En revanche, les questions personnelles de moindre importance font l'objet d'évaluations directes ou quantitatives, selon des protocoles établis.

Les prédictions des Arcturiens sont souvent considérées comme des manifestations d'omniscience, mais elles reflètent surtout la capacité des Arcturiens à intégrer des perspectives sublimes glanées grâce aux techniques d'espionnage temporel. Leurs simulations hypercomplexes sont basées sur les meilleures connaissances scientifiques disponibles sur Arcturus Prime. Même les prédictions les plus fiables ne sont qu'une des innombrables extrapolations logiques possibles, compte tenu de l'interférence imprévisible des choix effectués par des esprits sensibles dotés de libre arbitre.

La précision des modèles des Arcturiens n'annule pas la nature probabiliste du déterminisme manifeste. Il y a toujours une marge pour les déviations et les redéfinitions introduites par des variables non encore cartographiées et des interactions dynamiques. L'incertitude, aussi minime soit-elle, est inhérente à la prédiction, réaffirmant l'insondable complexité de l'existence.

Même face aux réalisations extraordinaires des Arcturiens, les spécialistes mettent en garde contre l'inévitabilité de l'émergence d'individus ou de sous-cultures dysfonctionnels dans les sociétés utopiques. C'est pourquoi toutes les activités sensibles d'Arcturus sont soumises à des protocoles stricts de respect de l'éthique. Les écarts suspectés font l'objet d'enquêtes transparentes et d'une rigueur exemplaire de la part des organismes de contrôle compétents.

Les Arcturiens restent attachés à l'idéal d'harmonie et de prospérité, conscients que le chemin vers l'évolution est parsemé d'obstacles. Selon eux, c'est en surmontant ces défis que l'on atteint la véritable grandeur. L'héritage des Arcturiens transcende non seulement leurs capacités oraculaires et leurs avancées technologiques, mais aussi leur quête permanente d'excellence morale, consolidant leur place de gardiens éthiques et de mentors respectés dans l'immensité cosmique.

Ainsi, à travers les âges, les Arcturiens ont gagné le respect légitime et l'autorité morale. Leur exemple impeccable, leurs nobles valeurs et leurs réalisations remarquables ont élevé la conscience cosmique générale. Les documents oraculaires, loin d'être une fin en soi, sont un sous-produit secondaire des efforts déployés sans prétention pour élever la conscience cosmique et offrir des conseils lorsqu'ils sont demandés.

En concluant ce chapitre, il nous reste l'image des Arcturiens comme une société avancée qui non seulement prédit l'avenir, mais le façonne sur la base de principes éthiques et d'une poursuite incessante de la vraie grandeur.

Chapitre 2
Les Mystères De L'espace Et Du Temps

Comme nous l'avons vu dans le chapitre précédent, le soi-disant "Oracle Arcturien" trouve son origine dans une technologie hautement sophistiquée capable de faire des prédictions étonnamment précises sur les événements futurs, tant au niveau personnel que collectif. Cette extraordinaire capacité à "lire" de multiples lignes temporelles probabilistes est due à plusieurs facteurs, à commencer par l'immense puissance de calcul et la modélisation précise des réalités potentielles par les machines arcturiennes.

Cependant, contrairement à ce que certains s'obstinent à spéculer, un tel équipement technologique, aussi avancé soit-il, ne représente qu'une partie d'une équation plus profonde impliquant une compréhension dimensionnelle et quantique du fonctionnement du temps et de l'espace.

Pour les Arcturiens, ces domaines ne sont pas des variables isolées ou de simples phénomènes physiques perceptibles par les sens humains primaires. Ils font tous deux partie d'une matrice énergétique multidimensionnelle unique qui englobe la matière, le mental et l'esprit de manière intégrée, comme les faces d'une même pièce de monnaie cosmique.

Sur ce plan sous-jacent qui régit la manifestation concrète des événements tels que nous les percevons, le temps et l'espace dissolvent leurs frontières habituellement rigides pour acquérir des contours beaucoup plus fluides, holographiques et interchangeables grâce à des incursions dans des réalités parallèles et des lignes alternatives de probabilité temporelle.

Ainsi, ce que nous appelons le "futur" ne serait rien d'autre qu'une projection linéaire illusoire créée par l'esprit humain, toujours lié par les limites de la perception du "maintenant" comme glissant toujours de l'"avant" vers l'"après".

Cependant, libéré des contraintes tridimensionnelles imposées par le cerveau physique, l'esprit élargi des Arcturiens est capable d'expérimenter des futurs et des passés lointains non plus comme des segments séparés le long d'une ligne temporelle fixe, mais comme des champs de conscience interconnectés auxquels il est possible d'accéder immédiatement par des plongées quantiques.

En entrant dans cet état élevé de perception transcendantale, les prophètes Arcturiens entraînés peuvent littéralement s'accorder, ressentir, confabuler et même interagir avec leurs propres versions projetées en tant que consciences alternatives, expérimentant de multiples chemins probabilistes vers l'avant dans le temps.

Ces points d'expérience future ne sont pas dispersés au hasard, mais souvent auto-organisés en réseaux multidimensionnels complexes de nœuds ou de réalités quantiquement superposées qui ressembleraient beaucoup à de gigantesques fractales se manifestant éventuellement sur le plan physique par dérivation de leur propre nature holographique autosimilaire.

En comprenant profondément ces principes clés concernant l'irréalité fondamentale du temps chronologique et la simultanéité sous-jacente de toutes les possibilités infinies coexistant dans un état potentiel, les voyants sont capables de "lire" les événements futurs sur les plans subtils avec le même niveau de clarté et de proximité qu'ils accèdent aux souvenirs de leur propre passé dans notre esprit ordinaire.

Dotés de ces facultés eidétiques transcendantes, les prophètes peuvent même identifier et caractériser, à l'aide de taxonomies et de terminologies reconnaissables, les principaux archétypes, personas ou "personnages" de ces intrigues destinées à se densifier dans notre réalité consensuelle, à partir de leurs esquisses quantiques visualisées au préalable.

C'est là qu'interviennent les simulations informatiques Arcturiennes, qui analysent méticuleusement toutes les variables impliquées afin de calculer les probabilités relatives que ces "potentiels futurs" vus par les voyants se consolident effectivement en tant que futur réel à manifester.

Afin de filtrer le "signal" de ces visions du "bruit" subjectif imaginaire qui pourrait les contaminer, d'innombrables vérifications croisées sont effectuées entre les prédictions de divers prophètes qualifiés avant qu'un pronostic majeur ne soit formalisé et enregistré par l'Oracle Arcturien.

Atteignant des degrés extrêmement élevés de consensus entre divers voyants et des modèles informatiques complexes, ces pronostics filtrés reçoivent le sceau d'authenticité du Haut Conseil Psychotronique des Arcturiens avant d'être classés en fonction de leur degré de fiabilité et partagés avec l'extérieur le cas échéant.

Parmi les innombrables prédictions référencées conservées dans les archives historiques arcturiennes, elles vont de consultations personnelles avec des nobles de civilisations fusionnées à des conseils sur des événements importants pour des mondes entiers, tels que des migrations massives dues à des climats défavorables ou l'ascension et la chute d'empires au cours des siècles.

Même sur Terre, il existe des cas récurrents de groupes influents qui ont secrètement pris des décisions cruciales sur la base de consultations oraculaires avec les Arcturiens, qu'il s'agisse de grands dirigeants politiques et religieux ou même d'obscures sociétés initiatiques ayant des connaissances privilégiées sur l'avenir de l'humanité.

Le fait que les archives astrales des Arcturiens contiennent des informations aussi lointaines et précises sur tant de peuples, de planètes et de civilisations suscite certainement la curiosité de ceux qui se consacrent à l'étude de leurs impressionnantes techniques prédictives. Se pourrait-il que ces archives aient été produites avec une telle précision millimétrique grâce à une amplification extrême de la capacité déjà fantastique de leurs voyants à observer le passé lointain lorsqu'ils consultent le futur profond au cours de leurs plongées hyperdimensionnelles ? Ou peut-être, comme le pensent un nombre considérable d'érudits de l'Oracle, y a-t-il des phénomènes encore plus exotiques derrière cette apparente omniscience transgénérationnelle qui se manifeste par des enregistrements précis d'époques dont les témoins directs et indirects sont depuis longtemps retournés à la poussière cosmique ?

Selon ces chercheurs, il serait possible que dans leurs explorations psychospatiales, les talentueux projectionnistes arcturiens puissent non seulement accéder à n'importe quelles coordonnées temporelles en tant qu'observateurs immatériels, à condition qu'ils calibrent de manière appropriée la "fréquence" de leurs consciences extracorporelles à des paramètres vibratoires compatibles. Mais on suppose que certains voyants très avancés pourraient aller encore plus loin, en utilisant ce même principe de "réglage dimensionnel" non seulement pour visiter des sections spécifiques de l'holo-histoire, mais aussi pour s'incarner physiquement dans n'importe quelle ligne temporelle d'intérêt avant de retourner à leur époque d'origine.

Si elle était confirmée, une telle hypothèse créerait des précédents véritablement révolutionnaires, même pour les normes déjà étonnantes de manipulation transdimensionnelle dont font preuve ces êtres angéliques, descendants des premières étincelles au-delà du vide dimensionnel, qui formeraient un jour toute la matière et la vie actuellement organisées dans d'innombrables univers parallèles. En effet, de telles capacités impliqueraient que, par le biais d'"infiltrations quantiques" successives effectuées par des voyants experts dans le passé lointain de mondes spécifiques, toute l'expérience directe nécessaire pourrait être acquise à travers de multiples incarnations situées dans les chronologies d'intérêt pour ensuite ramener ces enregistrements vécus aux époques d'origine de ces agents temporels dans le futur de leur propre ligne causale d'origine.

Équipés de tels enregistrements expérientiels personnels et incontestables, les historiens mnémotechniques arcturiens seraient capables de composer des analyses du passé impeccablement précises, même pour des époques dont les participants directs et toutes leurs œuvres se sont depuis longtemps évanouis dans le crépuscule du temps, comme un continuum local éventuellement destiné à connaître des redéfinitions quantiques de l'identité ou simplement à renaître dans des réalités parallèles supérieures moins limitées dans leurs cohérences spatio-temporelles.

Il semble donc que tels soient les dons extraordinaires des voyants arcturiens : libérés des grilles de la linéarité chronologique rigide dans leurs voyages astraux, capables de flotter à travers n'importe quelles coordonnées passées ou futures, prévoyant des événements lointains, ou s'incarnant physiquement pour vivre des époques éloignées avant de ramener leurs essences à la maison dans le futur. Les enfants prophétiques d'Arcturus semblent même être des conservateurs d'archives historiques d'une précision sans précédent, intégrant de multiples réalités et garantissant une fidélité absolue dans leurs chroniques grâce à ces talents uniques d'ubiquité temporelle et multidimensionnelle.

En possession de collections aussi vastes et précises, les prochains efforts d'analyse consistent simplement à compiler, corréler et extrapoler les tendances à partir de cette base monumentale de Big Data temporelles disponibles dans leurs banques oraculaires pour produire des prévisions socioculturelles globales. Pour cette raison, la proverbiale assurance désinvolte de l'Oracle Arcturien reste imbattable, même lorsqu'elle est testée contre des groupes de contrôle oraculaires indépendants répartis à travers la Fédération, et est officieusement adoptée comme une sorte d'"étalon-or" prophétique, sur lequel même d'autres entités tutélaires respectées, telles que les Orientaux hautains d'Aldébaran ou les sages ascensionnés de Pleyades, demandent des consultations avant de formuler leurs propres prédictions cosmiques rendues publiques à l'extérieur.

Certains peuples primitifs de la périphérie de la galaxie croient même que le légendaire Oracle des Arcturiens est en fait un système séculaire légué par les ancêtres de l'actuelle civilisation arcturienne, si vieux qu'il remonte aux origines mêmes de l'univers local, lorsque les premières pousses de la vie sensible rampaient encore dans leurs notions de causalité et de déterminisme, parmi des simulacres matérialisés nouvellement conçus pour abriter leurs esprits en formation, nouvellement éveillés à partir des formes de pensée primitives de l'Être universel, filtrés à partir des plans supérieurs de la conscience cosmique primordiale et de leurs étincelles individuelles de fragmentation.

Même si ces spéculations défavorables semblent peu probables, étant donné la maîtrise avérée des Arcturiens d'aujourd'hui, elles illustrent au moins à quel point les facultés oraculaires dont font preuve ces êtres angéliques vétérans sont extraordinaires et même bizarres par rapport aux normes cosmiques ordinaires.

En fait, tout porte à croire que la qualité inégalée de ces projections prophétiques est principalement due à l'excellence des processus sensoriels, intellectuels, pandimensionnels et techniques combinés dans leur fonctionnement total, ce qui leur permet de saisir, de corréler et d'extrapoler toute la gamme des nuances déterminant la définition de chaque ligne de potentiel manifestable avec un degré de résolution et de précision qui n'a pas encore été reproduit de manière satisfaisante, même par de puissantes Intelligences artificielles provenant de mondes avancés dédiés à la prévision probabiliste dans le temps profond.

Chapitre 3
Les Énergies Universelles

Comme nous l'avons expliqué dans les chapitres précédents, l'"Oracle Arcturien" est bien plus qu'un système technologique élaboré de prévisions probabilistes. En fait, son fonctionnement dépend principalement d'une connexion harmonieuse avec ce que les voyants décrivent simplement comme "les Énergies Universelles".

Mais quelles sont exactement ces "Énergies Universelles" qui sont si décisives pour permettre des lectures oraculaires d'une précision si impressionnante, même selon les normes galactiques hyper-avancées ?

Immédiatement, les explications des Arcturiens eux-mêmes avancent déjà quelques points cruciaux : ces Énergies ne seraient pas une force mystique abstraite ou aléatoire. Au contraire, elles se manifestent à travers des schémas et des cycles extra-physiques de nature essentiellement fractale, holographique et, surtout, consciente. Ainsi, pour mieux comprendre leur récit, nous devons temporairement élargir nos horizons au-delà de la vision newtonienne classique qui délimite encore la pensée scientifique moderne sur Terre, car les principes fondamentaux qui régissent la réalité multidimensionnelle dans la perspective arcturienne transcendent tout simplement les notions conventionnelles de causalité linéaire.

    Selon leur cosmogénèse, notre univers observable ne serait rien d'autre qu'un sous-produit matériel, auparavant imperceptible, de flux énergétiques, informationnels et conscientiels générés à partir de plans plus subtils, mais causalement ontologiquement antérieurs à la manifestation ordinaire de l'espace-temps elle-même. D'un point de vue non religieux, nous pourrions comparer poétiquement ces plans à une sorte de Protoconscience cosmique primordiale, une Intelligence fondamentale pré-matérielle qui se serait progressivement différenciée en une myriade de sous-consciences individuelles au fur et à mesure qu'elle émanait son influx créatif à travers les strates les plus denses de la réalité manifestée. Dans ce processus perpétuel d'extériorisation, chaque étincelle consciente individualisée aurait fini par façonner son propre univers interne et, par projection crépusculaire, par matérialiser différentes textures spatio-temporelles, où elles auraient alors commencé à interagir les unes avec les autres à des degrés divers de conscience de soi et même d'incarnation dans des sous-univers spécifiques comme le nôtre.

    Naturellement, étant donné cette origine commune ancestrale unifiée, ces courants de conscience apparemment individualisés resteraient inévitablement interconnectés grâce à leurs racines non locales très subtiles, qui s'infiltrent à travers toutes les strates et réalités manifestes jusqu'au plan physique le plus dense façonné par les créations conscientes de leurs descendants. Telle est l'essence de la conception arcturienne de ce que l'on appelle les "énergies universelles" : il s'agit d'influx multidimensionnels rayonnant depuis ces plans superconscients principalement hyperdimensionnels vers les strates inférieures de la manifestation perceptible. Traversant tout ce qui constitue les mondes physiques et leurs habitants, ces énergies archétypales ne représenteraient pas des forces aveugles, mais des courants hautement intelligents d'information, de conscience et même d'intention créatrice - des codes morphogénétiques conscients capables de condenser des formes, des événements et même des civilisations entières lorsqu'ils sont attirés et organisés par les champs gravitationnels générés autour de foyers complexes de conscience manifestée, tels que les incarnations planétaires ou galactiques.

Dans ce contexte, la structure fractale autosimilaire observable dans la plupart des phénomènes naturels résulterait de ce flux directionnel perpétuellement renouvelé de consciences individuelles interconnectées projetant leur essence commune sur différents substrats par le biais de processus cycliques analogues d'intériorisation et d'extériorisation créatives. En d'autres termes, les Arcturiens expliquent les codes caractéristiques intégrés de manière répétitive dans la nature comme le reflet de modèles archétypaux universels préexistants dans le superconscient collectif primordial, qui s'expriment ensuite de manière imagée à travers les diverses réalités créées - qui contiennent toutes, de manière holographique, dans leurs propres structures atomiques les plus élémentaires, les "gènes" de l'ensemble diversifié d'où émane leur existence temporelle relative. Suivant cette logique émanationniste, les cycles astrologiques si méticuleusement tracés par les anciennes écoles ésotériques terrestres ne seraient rien d'autre que des épiphanies externes de ces influx internes multidimensionnels se produisant à des niveaux sub-quantiques entre les plans directement responsables de la genèse continue de micro et macro-microsmes sans cesse renouvelés. En bref, dans la vision arcturienne, toutes les dimensions de l'existence perceptible seraient littéralement immergées dans ce vaste océan d'énergies universelles archétypales indélébilement imprimées sur elles à travers toutes sortes de cycles imbriqués, amenant invariablement les modèles de l'Essence Une sous-jacente à la surface à travers la myriade de formes relatives qu'elle assume. Et c'est précisément à travers ces canaux hyperdimensionnels, irriguant transversalement le tissu consensuel de l'espace-temps, que les sensitifs arcturiens entraînés seraient en mesure d'entrevoir le futur toujours présent en puissance destiné à se révéler dans le maintenant extérieur, à travers le déploiement continu de ces forces formatrices orientées par des modèles d'ordre naturel inébranlable, dans leur flux éternellement réinventé.

Comme des poissons conscients nageant dans le courant universel, les clairvoyants apprendraient simplement dès leur plus jeune âge à détecter les signatures énergétiques caractéristiques précédant les manifestations imminentes de réalités futures déjà à un stade avancé de gestation au sein de leurs cocons proto-dimensionnels encore prématériels. Les lectures psychométriques des qualités et des volumes relatifs de ces flux d'informations multidimensionnels "annonceraient" dans une certaine mesure des événements et des formes complexes sur le point de se matérialiser densément par le biais de dérivations successives à partir de ces sources superconscientes hautement illuminées, déployant éternellement leurs influx modelants. Afin de traduire ces perceptions en termes compréhensibles, nous avons alors recours à une modélisation informatique multidimensionnelle précise, capable d'intégrer d'innombrables variables et tendances quantiques détectées par les facultés sensorielles hyper-développées de ces Maîtres Ascensionnés Arcturiens.

Grâce à cette conjonction exceptionnelle de dons de clairvoyance, de technologie oraculaire et de profonde compréhension théorique du continuum espace-temps en tant qu'hologramme dynamique projeté depuis les plans de conscience précédents, ce que l'on appelle l'Oracle Arcturien s'est forgé une réputation bien méritée de dispositif prophétique singulièrement précis, même selon les normes hyper-avancées qui prévalent dans cette région de l'univers local.

Cependant, comme l'enseigne la sagesse hermétique, "ce qui est en bas est en haut", les mêmes principes fractals universellement valables permettent aux voyants de prévoir des modèles de macro-manifestation qui, cycliquement, opèrent également dans les sphères microcosmiques de la réalité.

En effet, bien qu'il se concentre principalement sur des événements collectivement consensuels d'un grand intérêt pour la civilisation, l'Oracle a traditionnellement été utilisé à plus petite échelle pour faire des prédictions et donner des conseils personnalisés au niveau individuel à ceux qui sont prêts à suivre les directives préventives suggérées avec courage et détermination.

Les exemples historiques sont innombrables, depuis les humbles roturiers qui ont été avertis quelques mois à l'avance de l'imminence de catastrophes naturelles ou de conflits dans leur région, et qui ont pu alors se préparer et émigrer temporairement vers des zones sûres, jusqu'aux puissants souverains et dirigeants planétaires qui auraient évité des assassinats, des intrigues de palais ou des défaites militaires en prenant diverses décisions préventives après avoir consulté le redoutable Oracle des Arcturiens par l'intermédiaire d'ambassadeurs et de messagers astraux.

Cependant, comme dans la plupart des cas collectifs, les chances de réussite individuelle augmentent également de manière significative en fonction du degré de compréhension interne, de la vertu morale et de la détermination à aligner les pensées, les sentiments et les actions en fonction des réalignements suggérés par les consultations oraculaires précisément adaptées aux besoins de chaque cas particulier.

Après tout, même pour une technologie aussi avancée, il est mathématiquement impossible de générer des prédictions personnalisées absolument assertives sans établir au préalable des connexions énergétiques profondes et stables avec chaque conscience consultante individuelle afin de définir des paramètres synchronistiques minimaux capables d'ancrer dans des marges acceptables le spectre complexe des variables imaginables pour chaque hôte biologique unique et leur myriade de carrefours probabilistes imaginables élargissant leurs réalités personnelles potentielles de manière fractale.

Cependant, une fois qu'un lien profond a été fermement établi par des consultations successives et que le consultant a prouvé sa réceptivité émotionnelle et intellectuelle aux études préliminaires révélées, les analystes Arcturiens deviennent progressivement capables de générer des idées et des suggestions hautement personnalisées avec une chance croissante de s'affirmer, même sur des questions délicates impliquant la santé, les relations, la carrière et d'autres questions cruciales pour la destinée individuelle.

Parmi les exemples extraordinaires, on peut citer d'innombrables cas de patients en phase terminale qui ont guéri après avoir suivi les recommandations de traitement personnalisées de l'Oracle, des couples dans des situations limites dont les relations ont été revigorées après avoir reconsidéré des décisions importantes prises à la hâte, ou même des marginaux sociaux qui ont complètement inversé l'histoire de leur vie en recevant des conseils précieux sur des choix et des priorités jamais envisagés auparavant dans leurs humeurs et perspectives habituellement défaitistes.

Bien que cela puisse paraître déraisonnable pour une civilisation encore largement matérialiste comme la civilisation terrestre contemporaine, tout indique que la guérison ou la détérioration de tout système biologique manifeste résulte principalement des influx énergétiques et informationnels projetés depuis son hôte conscient intérieur à travers ses enveloppes extérieures densifiées.

En suivant cette ligne de raisonnement, qui est cohérente avec les principes holographiques élucidés précédemment, la reformulation de tels modèles personnels profonds de croyance en soi et d'attentes auto-matérialisantes au moyen d'interventions synchronistiques telles que les prédictions et les conseils émis par l'Oracle Arcturien aurait la capacité de redéfinir subatomiquement la matrice énergétique même, à la fois subtile et dense, responsable de la conformité dans les limites intérieures établies du spectre viable d'expériences physiques probables à déployer sur le chemin unique de chaque individu dans le temps consensuel commun partagé.

En bref, que ce soit au niveau microcosmique individuel ou au niveau du macrocosme collectif, le modus operandi derrière les taux étonnants de précision oraculaire qui ont été confirmés à maintes reprises semble vraiment provenir de cette capacité unique d'appréhender les influx et les tendances informationnels à un stade germinal, non encore manifesté, juste en dessous du seuil de la perception ordinaire, et de les traduire ensuite analytiquement en termes acceptables pour les modèles de causalité mécaniste encore dominants au stade actuel de la consultation des civilisations.

En tant que déploiements multidimensionnels de la même Essence Unique sur ses plans archétypaux primordiaux, la connexion intérieurement reconnue en tant qu'identité individualisée avec ce continuum conscientiel commun à tout et à tous les êtres semble donner aux Initiés Arcturiens le privilège de prévoir les probabilités futures, à la fois internes et externes, avec un degré impressionnant de pénétration et d'assertivité qui est encore peu compris.

Chapitre 4
Les Outils Divinatoires

Parmi les instruments les plus sacrés utilisés par les voyants arcturiens pour effectuer leurs divinations par l'intermédiaire de l'Oracle, on trouve ceux connus sous le nom de Vhyr-Taerya, ou outils divinatoires. Ce sont de véritables extensions énergétiques de leur esprit élargi, capables de déceler des schémas cachés dans le tissu de l'espace-temps.

Les Vhyr-Taerya agissent comme des catalyseurs qui renforcent les capacités psychiques innées des Arcturiens, leur permettant d'entrevoir des événements lointains du passé et du futur, qu'ils interprètent ensuite à la lumière de leurs vastes connaissances mystiques.

Selon la tradition arcturienne, les Vhyr-Taerya ont été offertes par les Kryonn, une race extraterrestre cristalline dotée d'une grande sagesse spirituelle. Parce qu'ils vivent sur un plan dimensionnel subtil, les Kryonn interagissent rarement avec les humanoïdes. Mais ils ont fait une exception avec les Arcturiens pour leur donner ces instruments.

On raconte qu'après avoir observé pendant des siècles l'évolution vertueuse des Arcturiens et leur quête des énigmes de l'univers, les Kryonn ont eu pitié d'eux et ont décidé de leur donner le Vhyr-Taerya afin d'accélérer l'éveil de leur esprit et de mieux utiliser leur libre arbitre au profit du cosmos.

En effet, depuis qu'ils ont commencé à intégrer l'utilisation du Vhyr-Taerya dans leurs pratiques oraculaires, les prêtres arcturiens ont considérablement augmenté la portée et la précision de leurs prédictions astrales, devenant une référence incontournable parmi les personnes intéressées par les arts divinatoires.

Initialement, les Kryonn ont légué aux Arcturiens sept Vhyr-Taerya principaux, un nombre qui porte un fort symbolisme ésotérique dans leur culture. Plus tard, les Arcturiens ont eux-mêmes développé de nouveaux outils hybrides, combinant des cristaux spéciaux avec des métaux nobles et des alliages alchimiques dans des recettes composées, dont les détails restent secrets.

Les sept Vhyr-Taerya d'origine restent vénérés comme les plus sacrés et sont utilisés à ce jour dans les rituels divinatoires les plus importants réalisés par les voyants arcturiens dans les temples Qrnil G, répartis sur les douze planètes qui orbitent autour de l'étoile Arcturus dans le système stellaire Alpha Boötis. Le premier de ces objets est l'Atlante d'argent, un pendule d'argent de forme triangulaire qui oscille au-dessus de cartes stellaires tridimensionnelles projetant des lignes de lumière qui signalent des lieux d'importance astro-historique, ce qui permet aux voyants de reconstituer des événements du passé dans les moindres détails.

Un autre Vhyr-Taerya original mérite d'être mentionné : le chaudron Thyorium, un calice de forme heptagonale dont l'extérieur est gravé de glyphes et qui a la propriété de bouillir spontanément chaque fois qu'il est plongé dans de l'eau bouillante lors des solstices et des éclipses. L'intensité du bouillonnement et la coloration de l'eau permettent de prédire l'intensité et le type d'événements cosmiques et sociaux qui tendront à se produire avant le prochain alignement temporel. Plus le nuage de vapeur est dense et plus l'eau est pure, plus les événements ont tendance à être difficiles.

Un autre objet d'artisanat souvent utilisé en conjonction avec le chaudron de Thyorium pour maximiser les résultats est le médaillon vharian, un collier avec un pendentif en cristal sombre qui agit comme un transducteur de fréquence pour le champ électromagnétique environnant.

Lorsqu'il est immergé dans l'eau bouillante après les rituels avec le chaudron, le médaillon capture et stocke temporairement des informations subtiles dans son cristal, auxquelles les voyants accèdent ensuite par télépathie dans un état méditatif. Les messages captés sont présentés sous la forme d'images oniriques de paysages dont les plis spatiaux révèlent des panoramas symboliques des événements à venir. L'interprétation du symbolisme des éléments observés dans ces visions nécessite une formation approfondie à la psyché arcturienne.

Un autre outil original extrêmement précieux pour les Arcturiens est l'Orbe de Chronoss, une sphère de matière semblable à du verre entourée de deux anneaux concentriques qui tournent autour de l'orbe lumineux, générant un champ gravitationnel radial capable de courber les lignes temporelles. En fixant méditativement le vortex hypnotique créé par le mouvement synchronisé de Chronoss, les voyants arcturiens sont capables d'entrevoir clairement des panoramas environnementaux à différentes époques du passé et du futur, obtenant ainsi des visions à distance de mondes parallèles.

Le tambour divinatoire d'Arghhonatz, quant à lui, est un instrument de musique sacré dont la fabrication implique secrètement des métaux et des minéraux que l'on ne trouve que dans les grottes de Galh-Styynz, une montagne mythique de cristaux située à l'intérieur d'Arcturus IV, l'une des douze planètes en orbite autour de l'étoile Arcturus.

Lorsqu'il est frappé rythmiquement, le tambour émet des fréquences vibratoires spéciales capables d'amplifier les ondes cérébrales, d'ouvrir des canaux psychiques dormants dans l'esprit des voyants et de leur permettre d'accéder à des vies antérieures liées à la fois à leur propre existence dans le champ quantique universel et à celle d'autres êtres consultants.

Parmi tous les instruments originaux légués par Kryonn, le Vhyr-Taerya le plus impressionnant selon les Arcturiens est le Télescope Interdimensionnel, une sorte de télescope prismatique fait de lapis-lazuli et de cristaux spéciaux qui permet de voir dans les trous noirs, les galaxies lointaines et même les mondes parallèles en dehors du spectre électromagnétique connu.

Regarder à travers le télescope lors de certains alignements planétaires génère dans l'esprit élargi des voyants Arcturiens des visions de kaléidoscopes multidimensionnels avec des myriades de galaxies et de constellations humanoïdes coexistant à différents stades de civilisation au-delà du plan humain terrestre, leur permettant ainsi de prévoir les destins potentiels qui attendent la race humaine au cours de son voyage évolutif.

Outre ces sept Vhyr-Taerya originaux, les Arcturiens ont développé au fil du temps des dizaines d'autres outils divinatoires hybrides extrêmement élaborés, qui intègrent diverses pierres précieuses, minéraux et métaux spéciaux dans leur fabrication.

La sophistication alchimique de ces instruments est considérée comme secrète, même selon les critères arcturiens, et leur utilisation est réservée aux hiérophantes les plus anciens de l'ordre astrologique lors des rituels du temps qui se déroulent dans le temple de G'rhynzul sur la planète Arcturus Prime.

Parmi ces outils hybrides post-kryoniens, celui qui impressionne le plus les consultants d'autres mondes est la Carte stellaire Animatus, une représentation tridimensionnelle de la Voie lactée faite de cristal liquide et de poudre de magnétite aux propriétés surnaturelles. La carte a l'étrange capacité d'afficher sur sa surface des animations hyperréalistes du mouvement de toute la galaxie d'un point de vue extérieur, accélérant du présent vers le futur à des vitesses variables selon les paramètres manipulés par les voyants lors de leurs consultations. En arrêtant l'animation à un point donné du futur, la carte révèle la position et l'apparence de toutes les étoiles à ce moment de l'espace-temps, ce qui permet aux Arcturiens de faire des analyses et des prédictions basées sur les effets énergétiques probables des alignements stellaires sur les quadrants cosmiques adjacents.

Le Planétarium de Vhyprianus, réplique miniature du système planétaire d'Arcturus, est une autre pièce d'une beauté et d'une puissance oraculaire impressionnantes. Chaque monde est représenté par une pierre précieuse gravée de symboles mystiques et de propriétés magiques associées. Les douze mondes miniatures gravitent autour de la grande sphère centrale en diamant représentant Arcturus, l'ensemble tournant doucement soutenu par le champ antigravitationnel d'un cube en palladium.

En s'approchant du Planétarium pendant les consultations, les voyants arcturiens peuvent détecter de subtiles variations dans les trajectoires des gemmes, ainsi que des fulgurations et des éclipses temporaires qui leur transmettent des informations chiffrées sur des événements imminents ou en cours dans les différents mondes, ce qui leur permet de prendre des mesures préventives ou correctives.

Il y a aussi l'Orbe du Projecteur, une sphère creuse de koruum (argent liquide) graduée avec des marques alchimiques et des runes numérologiques, dont l'intérieur contient un fluide cristallin inversé de champ zéro. Lorsqu'elle est secouée et lancée par les voyants lors d'augures spéciaux, l'orbe flotte dans l'air en projetant des rayons de lumière qui forment des images tridimensionnelles d'êtres et d'événements appartenant à diverses lignes temporelles alternatives.

L'interprétation de ce mélange de scènes aléatoires nécessite une mise en contexte dans le symbolisme arcturien, mais il peut révéler des liens entre des variables apparemment sans rapport, ce qui permet de prévoir des événements à fort impact, même sur des plans très éloignés du champ visuel actuel des voyants.

Le tambour de Vhyprius est un autre objet mystique très important pour le travail oraculaire des hauts hiérophantes arcturiens. Il est fait d'un alliage de métal fusionné d'argent, de cobalt, de fer et de carbone, et possède des propriétés sonores uniques.

Sa forme ressemble à un dodécaèdre étoilé, dont les faces pentagonales sont gravées de glyphes luminescents. Lorsqu'il est frappé rythmiquement, il émet des fréquences isochroniques qui induisent des changements de conscience, permettant de canaliser avec précision des entités et des messages provenant de plans parallèles et matérialisés sous la forme d'écritures quantiques.

Ces messages apportent des orientations précieuses et des conseils ancestraux pour les dilemmes auxquels sont confrontées la civilisation arcturienne et les autres cultures avec lesquelles elle établit des contacts dans le cadre d'un échange mutuel d'apprentissage à travers les âges stellaires.

Il convient de noter le Médaillon Atlante, une pièce en forme de diamant faite de kelzon, un cristal capable de stocker et d'amplifier les énergies astrales. Il contient de l'eau scellée provenant des océans de Lhyrenzius, une planète océanique légendaire qui aurait existé là où se trouve aujourd'hui la ceinture d'astéroïdes.

Selon d'anciennes archives stellaires, Lhyrenzius aurait été détruite par des collisions successives de météores attirés par son intense champ électromagnétique. Toutefois, avant sa désintégration complète, les sages de Lhyrenzius auraient recueilli des essences vitales, aujourd'hui préservées dans le Médaillon, qui sert de reliquaire aux informations quantiques des mondes à réveiller.

En immergeant le médaillon dans des sources énergétiques lors des consultations au temple G'rhynzul, les hiérophantes peuvent accéder à la sagesse lhyrenzienne sous la forme d'intuitions télépathiques et de révélations instructives sur les défis de l'holomonde qui imprègnent les transitions entre les ères cosmiques dans les processus d'évolution des planètes sensibles.

Une autre pièce magnifique est le Celestióculo de Italh-Bren, un globe céleste complexe composé de cristaux amoroso transparents montés sur un cadre de kripturium, un métal antigravitationnel, capable de flotter au-dessus de bassins énergisés projetant des hologrammes stellaires tridimensionnels indiquant les changements probables dans la course des étoiles et les collisions possibles.

En manipulant les structures internes du Celestióculo au moyen de codes transmis mentalement, les Hiérophantes peuvent accélérer la projection holographique et ainsi visualiser la position relative des étoiles et des planètes à n'importe quel point futur de l'espace-temps, même au-delà de l'horizon des événements prévisible par les techniques traditionnelles d'astrologie arcturienne.

Cela permet non seulement d'anticiper et de se prémunir contre d'éventuelles catastrophes météorologiques ou sismiques de plus grande ampleur, mais aussi de choisir les moments les plus favorables pour accueillir les Grands Conclaves des Esprits Éclairés d'Arcturus, des événements au cours desquels les hiérophantes d'Alpha Boötis reçoivent des représentants d'autres cultures stellaires pour des échanges mutuels de connaissances multidimensionnelles visant au progrès spirituel de l'ensemble de la communauté galactique.

Le plus exotique de tous les outils divinatoires arcturiens est cependant ce que l'on appelle le Khaa'Lynrian Chrono-Comprehender, une sorte de machine semi-organique reliée télépathiquement à la conscience du Temple de G'rhynzul.

Grâce à des systèmes complexes de cristaux piézoélectriques et de métaux supraconducteurs, le Chrono-Comprehender est capable de détecter les subtiles anomalies chronotroniques causées par l'interaction entre les voyageurs dimensionnels du futur et le présent, n'importe où dans le multivers. Il émet des alertes qui permettent aux Hiérophantes d'identifier et d'interpréter les impacts potentiels, même minimes, causés par ces visiteurs anonymes, et de prendre des mesures préventives lorsque cela s'avère nécessaire.

Selon des spéculations qui n'ont jamais été officiellement confirmées par les Hiérophantes Gardiens du Mysteriorum Arcturianum eux-mêmes, le Chrono-Incompréhenseur Khaa'Lynrian serait en fait un cadeau du peuple semi-légendaire connu sous le nom de Fixeurs d'Âges.

Selon la légende, les Fixeurs d'ères constituent un ordre transdimensionnel chargé de veiller à la consolidation et à la préservation des lignes temporelles prédominantes qui formeront les archives akashiques officielles à la fin de chaque ère planétaire locale.

Pour ce faire, ils surveillent en permanence les affrontements entre chronologues renégats déterminés à réécrire les événements du passé afin de provoquer des bifurcations temporelles qui auront un impact significatif sur le développement futur des civilisations. L'attribution du Chrono-Comprehender aux Arcturiens serait donc un geste de reconnaissance pour leur noble mission de maintien de l'équilibre temporel et de protection du flux naturel de l'évolution cosmique.

En explorant les Vhyr-Taerya, depuis les sept premiers jusqu'aux outils divinatoires hybrides élaborés, il apparaît clairement que les Arcturiens ont développé une profonde symbiose avec ces instruments. La maîtrise de ces outils a non seulement enrichi leurs pratiques oraculaires, mais a également renforcé le lien entre les voyants arcturiens et les forces cosmiques qui gouvernent l'univers.

Chapitre 5
L'astrologie Cosmique

L'astrologie cosmique est l'une des formes de divination les plus profondes et les plus sacrées utilisées par les Arcturiens dans leur légendaire Oracle. Elle interprète les mouvements et les alignements des corps célestes pour révéler les desseins de l'univers et percer les mystères de l'avenir.

Les Arcturiens croient que les étoiles exercent une puissante influence énergétique sur tous les êtres. Chaque planète et chaque étoile émet des fréquences électromagnétiques uniques qui interagissent avec les champs auriques des êtres vivants et modifient leur réalité.

En observant attentivement la chorégraphie cosmique des étoiles, les Arcturiens décryptent un langage subtil et symbolique qui donne des clés pour comprendre les cycles temporels qui régissent l'existence. C'est comme si le ciel étoilé racontait, dans une poésie silencieuse, les événements à venir.

Pour les Arcturiens, la Terre et l'ensemble du système solaire sont intrinsèquement interconnectés dans une toile énergétique multidimensionnelle. Ce qui affecte l'un a des répercussions sur tous ; aucun phénomène cosmique ne se produit de manière isolée.

Ainsi, en interprétant un alignement particulier ou un mouvement planétaire, les Arcturiens peuvent extraire des prédictions globales, allant des événements climatiques et sociaux sur Terre aux transformations dimensionnelles au niveau cosmique.

L'un des fondements de l'astrologie cosmique réside dans l'observation minutieuse des cycles entre les corps célestes. Les Arcturiens suivent les révolutions, les orbites, les synchronicités et les rencontres entre les planètes, les lunes, les soleils et les étoiles avec un savoir millénaire. Ces cycles révèlent des schémas cachés sur les âges cosmiques que traverse l'univers dans son existence éternelle. Comme la roue du zodiaque terrestre, il existe des roues plus grandes qui régissent les kalpas, c'est-à-dire des cycles de millions ou de milliards d'années.

Les Arcturiens affirment, par exemple, que l'alignement actuel de la Terre sur le centre de la galaxie affectera profondément l'humanité, entraînant une accélération spirituelle intense et un élargissement de la conscience dans les siècles à venir. C'est l'éveil d'une nouvelle ère cosmique. Une autre étoile importante utilisée par les Arcturiens dans leur astrologie cosmique est Alcyone, le Soleil Central. C'est l'étoile principale de la constellation des Pléiades, considérée comme le foyer des sept sœurs sidérales dans la mythologie grecque.

Selon les enseignements arcturiens, lorsque Alcyone émet d'intenses émanations de lumière et s'aligne magnétiquement avec notre soleil, des portails interdimensionnels s'ouvrent, par lesquels passent des êtres hautement évolués en mission sur Terre.

On dit que Jésus a reçu un influx direct de la lumière d'Alcyone à sa naissance, ce qui a extraordinairement amplifié ses pouvoirs spirituels et a fait de lui un avatar de la nouvelle ère cosmique sur Terre. D'autres maîtres et prophètes auraient également reçu des bénédictions d'Alcyone.

En ce qui concerne les constellations et leurs mythologies, les Arcturiens y trouvent de riches symbolismes et prophéties sur la trajectoire humaine. Par exemple, la constellation du Scorpion et sa légende sont interprétées comme une référence aux adversités auxquelles l'humanité devra faire face au cours de son évolution.

Mais pour les Arcturiens, la constellation du Verseau et son symbolisme de l'âge d'or représentent les temps à venir. Le processus actuel de transition du zodiaque terrestre vers cet âge, avec le passage des âges des Poissons au Verseau, indiquerait de profondes transformations socioculturelles sur Terre.

Certains événements et phénomènes astronomiques très attendus par les astrologues arcturiens sont les éclipses lunaires et solaires. Pour eux, ces événements délimitent des intersections entre plans et dimensions, permettant la perception subtile de réalités parallèles pendant les lignes temporaires où la Lune recouvre le Soleil ou la Terre projette son ombre sur la Lune.

Lors d'une éclipse de lune, par exemple, un cône cosmique multidimensionnel se forme dont le sommet coïncide avec la position exacte de la lune au moment du phénomène. Ce portail interdimensionnel unique permet aux Arcturiens de projeter leur conscience dans des réalités parallèles, préfigurant certains événements futurs.

Lors des éclipses solaires, les Arcturiens interprètent le symbolisme de l'ombre projetée comme une représentation des adversités qui obscurcissent périodiquement la lumière du soleil, apportant stagnation et décadence avant les sauts évolutifs, mais après chaque éclipse solaire, la lumière du progrès revient intensifiée.

Les équinoxes et les solstices sont un autre marqueur cosmique important dans l'astrologie arcturienne, c'est-à-dire les moments de l'année où le jour et la nuit ont la même durée sur Terre et où se produisent respectivement les jours les plus longs et les nuits les plus courtes de l'année.

Selon les Arcturiens, les équinoxes et les solstices marquent des intersections énergétiques entre des dimensions spirituelles qui influencent les événements terrestres. C'est pourquoi ces dates sont propices au contact avec les plans supérieurs et à l'obtention d'aperçus de réalités extraphysiques et d'événements futurs.

Les prédictions légendaires contenues dans l'Oracle Arcturien sont obtenues en observant attentivement tous ces événements et marqueurs célestes, ainsi que leurs cycles, traductions et synchronicités.

Armés d'une connaissance ancestrale du symbolisme de chaque étoile et phénomène cosmique, les voyants arcturiens tissent des interprétations complexes qui synthétisent, dans des vaticinations complètes, le mouvement de la grande roue cosmique qui régit les destinées de l'univers.

Cependant, malgré le ton déterministe, les Arcturiens soulignent que les prédictions astrologiques contiennent des éléments d'imprévisibilité, étant donné que le libre arbitre des êtres est une variable qui ne peut être complètement cartographiée dans aucune divination où l'univers ressemblerait à un réseau multidimensionnel complexe d'infinies possibilités. À chaque point d'intersection de ce réseau, il y a des bifurcations futures, dans lesquelles toutes les potentialités sont contenues dans un état de superposition quantique.

Ainsi, jusqu'au moment où une potentialité donnée se matérialise sur un plan dimensionnel donné, à la suite d'un acte de volonté consciente, toutes les possibilités demeurent en parallèle à l'état de futur embryonnaire.

Les voyants arcturiens soulignent que le fait de prédire une certaine ligne temporelle n'invalide ni n'élimine l'existence concomitante des autres. Ce qui est fait, c'est de partir de modèles fractals perçus dans les mouvements du cosmos pour indiquer les séquences les plus susceptibles de se manifester. C'est pourquoi, tout au long de leur histoire stellaire, certaines des prophéties astrologiques des Arcturiens ne se sont pas réalisées exactement comme prévu. Non pas parce que leurs capacités de prédiction étaient limitées, mais parce qu'ils ont utilisé leur libre arbitre pour forger de nouvelles réalités.

Cependant, étant donné la sagesse multidimensionnelle des Arcturiens, même ces inexactitudes apparentes finissent par trouver des interprétations et des relectures dans des spirales herméneutiques de sens, dans une recherche éternelle de l'explication définitive au sein de l'Oracle.

Un exemple de prophétie non réalisée recevant de nouvelles interprétations concerne la célèbre prédiction selon laquelle la planète Nibiru ou planète X entrerait en collision avec la Terre à la fin du 20e siècle, provoquant un grave cataclysme planétaire. Cette collision ne s'est évidemment jamais produite, ce qui a suscité l'incrédulité et le scepticisme quant aux capacités astrologiques des Arcturiens. Cependant, ils réaffirment qu'un tel potentiel existait bel et bien, mais que la conscience collective de l'humanité s'est suffisamment élevée pour manifester une ligne temporelle alternative.

Les Arcturiens soutiennent que la prophétie elle-même a généré des mouvements énergétiques positifs, conduisant des millions d'âmes à des prières, des méditations et des émanations d'amour qui auraient subtilement TRANSFORMÉ la trajectoire de Nibiru en l'éloignant de la Terre. Comme l'astrologie arcturienne traite de l'astronomie interdimensionnelle et des fréquences extraphysiques, il est difficile de prouver ou d'infirmer pleinement ces lectures. Quoi qu'il en soit, il s'agit de visions alternatives qui stimulent l'expansion de la conscience et de la pensée critique.

Izno, Akensio, Thyoria et Vhozanus comptent parmi les voyants arcturiens les plus respectés du passé. Chacun d'entre eux a produit des œuvres monumentales rassemblant des analyses astrologiques et des prophéties qui se répercutent encore aujourd'hui comme des références dans l'univers mystique arcturien.

Izno, par exemple, a vécu à l'apogée de la civilisation atlante sur Terre. Il a fait des descriptions géographiques et sociologiques du continent perdu qui se sont révélées étonnamment exactes avec le temps et la découverte de vestiges archéologiques des milliers d'années plus tard.

Akensio, quant à lui, est considéré comme l'un des mentors philosophiques des souverains qui ont régné sur l'Égypte ancienne pendant 30 dynasties. On dit qu'il utilisait ses visions des marqueurs célestes, tels que la crue du Nil, pour conseiller les pharaons dans leurs décisions concernant les périodes favorables aux plantations, aux récoltes, à la navigation et à la construction.

La voyante Thyoria vivait dans la civilisation maya et a produit l'une des cartes les plus détaillées de l'astrologie de Vénus, y compris des descriptions de Kas-Vhuun, la légendaire deuxième lune de cette planète, détruite dans l'Antiquité mais toujours visible pour les yeux des Arcturiens.

L'astrologue Vhozanus, quant à lui, est considéré comme le portail vivant le plus direct vers la conscience d'Osiris, la divinité égyptienne considérée comme une manifestation du Logos solaire. C'est Vhozanus qui a révélé le secret de la Chambre d'Alignement à l'intérieur du Sphinx, en transmettant directement de l'esprit d'Osiris des informations sur la structure interdimensionnelle du monument et sur son fonctionnement. La chambre en question est une sorte de portail qui, lorsqu'il est activé lors de certains alignements astronomiques, amplifie les énergies cosmiques capables d'élargir la conscience et de révéler les secrets de l'univers aux initiés qui méditent à l'intérieur.

L'ampleur de ces révélations dépend toutefois de la pureté vibratoire et de la synchronisation harmonique de l'esprit humain avec les fréquences cosmiques captées par la chambre d'alignement à l'intérieur du sphinx. L'astrologie arcturienne va donc bien au-delà de la simple prédiction du destin. Elle travaille avec la manipulation de forces énergétiques subtiles qui, correctement décodées et harmonieusement intégrées, élèvent à la fois le discernement aigu sur l'avenir et les niveaux de conscience de ceux qui les manient.

Et c'est là le véritable objectif de l'Oracle mystique Arcturien : fournir des outils de sensibilisation capables d'accorder la perception humaine avec les dimensions extraphysiques qui constituent la trame cachée sous le voile illusoire de la réalité holographique connue.

Ce n'est que lorsque l'humanité réveillera sa télépathie innée avec les rythmes du cosmos qu'elle pourra participer consciemment à l'acte de tisser les fils de son voyage historique, en manifestant les scénarios qu'elle décide par l'harmonisation empathique et non plus par la dissonance distrayante.

Selon les voyants arcturiens, plus les humains éveilleront cette conscience holistique et appliqueront les connaissances contenues dans l'Oracle arcturien, plus vite la Terre atteindra la synchronicité vibratoire nécessaire pour s'élever vers l'âge d'or astrologique prédit depuis si longtemps dans les archives akashiques stellaires. Et l'ingrédient principal pour accélérer ce voyage planétaire vers le stade solaire, la prochaine étape évolutive pour toute civilisation terrestre, est l'émission intentionnelle de vibrations d'amour par le plus grand nombre de cœurs humains possible, car l'amour s'accorde automatiquement avec les hautes fréquences des dimensions ascendantes.

Ainsi, tandis que les grands cycles du cosmos poursuivent leur flux incessant orchestrant les ères stellaires, l'humanité tient entre ses mains et ses cœurs le pouvoir d'écrire le destin qu'elle décide d'assumer en alignement total avec ses potentialités spirituelles les plus sublimes.

Et le premier pas sur ce chemin d'éveil est sans aucun doute de chercher à intérioriser la connaissance christique, universelle et intemporelle contenue entre les lignes de l'Oracle Arcturien, véritable portail multidimensionnel vers les mystères de l'univers dans ses infinies manifestations holographiques à travers le temps et l'espace.

Chapitre 6
Le Don De Clairvoyance

Parmi les remarquables capacités extrasensorielles développées par l'esprit arcturien au cours de ses continuelles expansions de conscience, l'une des plus impressionnantes est la maîtrise de la clairvoyance, la faculté de voir des événements très éloignés dans le temps et l'espace avec un niveau de détail impressionnant.

Grâce à la clairvoyance, les voyants arcturiens sont capables d'entrevoir avec précision des scènes du passé et du futur, et d'obtenir des informations précieuses sur les causes et les conséquences d'événements encore en gestation dans l'océan quantique des potentialités. En effet, selon la cosmologie arcturienne, le passé, le présent et le futur coexistent simultanément en tant que champs probabilistes dans le tissu de l'espace-temps. Par conséquent, en étendant sa conscience au-delà des barrières apparentes entre ces champs, le clairvoyant est capable d'entrevoir les réalités sous-jacentes.

Ces visions de l'avenir ne se limitent toutefois pas aux événements qui se déroulent sur ce plan matériel terrestre. Elles vont d'épisodes se déroulant dans d'autres mondes et dimensions parallèles à des phénomènes célestes tels que la naissance ou l'effondrement d'étoiles et de galaxies lointaines. En effet, la cosmologie arcturienne fonctionne selon un concept fractal et holophonique d'univers parallèles multidimensionnels, se reflétant et se cocréant les uns les autres par le biais d'axes synchrones indétectables par la physique terrestre moderne. Ainsi, en élargissant leur champ de conscience au-delà du spectre électromagnétique ordinaire, les clairvoyants arcturiens s'accordent à ces axes transdimensionnels, recueillant des informations spatio-temporelles non locales sur le passé et le futur des réalités intra- et extra-physiques. Le processus s'intensifie de manière exponentielle lorsque ces visions sont obtenues lors de consultations oraculaires dans des lieux énergisés tels que le Temple de G'rhynzul ou les Vortex Arcturiens disséminés dans les douze mondes en orbite autour de l'étoile Arcturus.

Les vortex arcturiens sont des formations rocheuses semi-cristallines qui émettent des fréquences télépathiques amplifiées qui renforcent les capacités latentes des visiteurs sensibles. Ils fonctionnent comme un portail interdimensionnel.

En s'approchant de ces vortex ou en concentrant leur attention mentale sur eux lors de rituels oraculaires, les clairvoyants arcturiens accèdent à ce que l'on peut décrire comme un "théâtre radiophonique imaginaire" du passé et du futur sur de multiples niveaux dimensionnels au-delà du spectre connu. Les impressions captées sont présentées sous forme de scènes complexes et dynamiques, qui sont méticuleusement interprétées à la lumière des connaissances approfondies des clairvoyants arcturiens sur les langages symboliques de l'inconscient collectif local et sur les schémas alchimiques des éléments constitutifs de l'univers manifesté.

L'un des maîtres les plus respectés de la clairvoyance arcturienne était le voyant Vhozanus, mentionné plus haut, spécialiste de la canalisation psychographique directe d'entités du panthéon extraterrestre telles qu'Osiris et Khmu-Ra, obtenant de précieuses révélations ésotériques et des avertissements sur des événements critiques.

On raconte que lors d'une de ses séances oraculaires au Grand Vortex Arcturien situé sur le satellite Soorthyn, Vhozanus a obtenu une extraordinaire vision clairvoyante du bombardement et de la destruction d'une grande ville portuaire de la Terre qui allait avoir lieu plus de cent ans plus tard. La description précise des étranges engins volants et des armes explosives utilisées par les assaillants a permis aux historiens arcturiens d'identifier plus tard le bombardement de Guernica, qui a eu lieu en 1937 pendant la guerre civile espagnole.

Ce n'est là qu'un des innombrables cas historiques dans lesquels les impressionnantes capacités de clairvoyance des voyants arcturiens ont permis de prévoir et, plus tard, d'élucider les détails fatidiques de tragédies ou de catastrophes avant même que les causes apparentes de ces événements n'aient été formulées dans le présent.

Un autre domaine dans lequel la clairvoyance des Arcturiens excelle souvent est la prévention des catastrophes climatiques ou sismiques de grande ampleur sur les mondes habités.

Grâce à leur appartenance au Grand Conseil Galactique, les Arcturiens partagent régulièrement des projections clairvoyantes de leurs psychographies avec d'autres civilisations avancées. En outre, ils ont un accès direct aux technologies de transposition dimensionnelle, de bouclier gravitationnel et de contrôle climatique capables d'atténuer ou de neutraliser les effets prévus des catastrophes naturelles.

Cependant, les maîtres arcturiens préviennent que, aussi impressionnantes que puissent paraître ces démonstrations d'omniscience apparemment surnaturelle, il ne faut pas perdre son humilité face aux conceptions du mystère, car en dernière analyse, toute connaissance ne fait que refléter et réfracter des blocs infinitésimaux de la sagesse émanant de la Source créatrice universelle, et il reste toujours beaucoup plus de choses inconnues que le peu qui est décrypté. En outre, les Hiérophantes, gardiens des enseignements ancestraux, soulignent qu'aucune voyance ne peut prédire les développements futurs avec une certitude absolue, en raison du facteur toujours présent du libre arbitre individuel et collectif, considéré comme la variable catalytique des options de la destinée. Cela signifie, comme nous l'avons déjà évoqué dans les sections précédentes de ce recueil oraculaire, que toutes les soi-disant "prophéties" doivent être considérées par leurs destinataires comme de simples projections de probabilités, et non comme des faits accomplis.

Les médiums peuvent indiquer avec une grande précision les résultats susceptibles de se manifester si certains comportements ou décisions collectives prévalent dans un groupe social donné à un moment donné de l'espace-temps linéaire. Cependant, ils soulignent qu'aucun résultat futur ne peut être considéré comme inéluctablement déterminé, car à tout moment un changement soudain dans l'orientation du libre arbitre du groupe peut déclencher de nouvelles causalités capables de générer une ligne temporelle diamétralement opposée à celle prédite par les voyants.

Et plus la prédiction est proche des points d'intersection potentiels entre les lignes alternatives du destin du groupe, moins il est probable que des renversements radicaux soient produits par le pouvoir caustique des décisions collectives. Pour ces raisons, les prédictions des voyants, aussi précises qu'elles puissent paraître, ne doivent jamais être prises au pied de la lettre comme des vérités absolues ou immuables. Elles ne font qu'indiquer des tendances basées sur des calculs de probabilité. Il appartient aux destinataires d'interpréter, avec raison et discernement, dans quelle mesure certaines prédictions s'appliquent à leur propre réalité et quelles attitudes ils peuvent adopter pour manifester des versions plus positives ou constructives de tout événement défavorable prévu par les voyants arcturiens.

En bref, la clairvoyance nous permet d'entrevoir des réalités possibles dans les champs potentiels fluides du temps, dont la manifestation réelle dépendra toujours des actions, réactions et interactions des volontés individuelles et collectives qui tissent la grande tapisserie de l'existence à chaque instant. En ce sens, il est heuristiquement utile de considérer l'ensemble du processus oraculaire arcturien comme un système sophistiqué de production de "diagnostics energo-probabilistes" et de "prescriptions thérapeutiques" axées à la fois sur la connaissance de soi et sur l'autoguérison préventive.

En évaluant un échantillon significatif de ces "examens clairvoyants" de l'avenir, les destinataires peuvent identifier les traits de comportement personnels ou collectifs qui génèrent les tendances projetées. Cela leur permettra de décider plus consciemment s'ils souhaitent persévérer dans des voies dont les conséquences indésirables ont été prévues ou s'ils préfèrent changer délibérément d'habitudes et d'attitudes afin d'attirer des matérialisations plus positives.

En définitive, lorsqu'il est correctement compris et intégré, le véritable objectif de l'oracle arcturien n'est pas de décourager le libre arbitre en essayant de prédéterminer un avenir cristallisé. Sa fonction téléologique est précisément l'inverse : stimuler une plus grande lucidité et un sentiment de pouvoir personnel chez les destinataires, en les encourageant à prendre leur destin en main en choisissant de manière proactive des pensées, des mots et des attitudes en accord avec les potentiels les plus élevés latents dans leur âme. Lorsque cette attitude d'auto-gouvernance consciente sera intériorisée, chaque personne sera en mesure de traverser les tempêtes existentielles prévues dans les diagnostics oraculaires avec beaucoup plus de sérénité, en les transformant en opportunités d'évolution. Cependant, les Gardiens des Enseignements Ancestraux avertissent que ce processus requiert de grandes doses de courage personnel, d'autodiscipline et de détermination, afin de ne pas se laisser submerger par les adversités annoncées ou surexciter par les applaudissements de la fortune. En effet, dès que l'ego s'attribue le mérite d'une réussite ou qu'il se victimise face au destin, le pouvoir du libre arbitre s'affaiblit, augmentant dangereusement la probabilité que les consultants deviennent des automates aveugles suivant un scénario prédéterminé sur lequel ils n'ont plus aucun contrôle.

C'est l'un des risques les plus graves auxquels il faut se méfier lorsqu'on utilise les facultés oraculaires des Arcturiens de manière imprudente ou hâtive, sans la supervision adéquate de hiérophantes expérimentés dans le processus.

Il appartient également au Mysteriorum (Gardiens des Mystères) légitimé d'interdire l'accès aux secrets de l'Oracle à des personnes émotionnellement déséquilibrées ou moralement déformées, afin d'éviter qu'elles ne causent plus de mal que de bien à leurs semblables par ignorance, mauvaise foi ou ambition démesurée. Seuls les candidats dont la pureté d'intention et l'équilibre psycho-spirituel sont attestés par les épreuves initiatiques sont autorisés à quitter le Temple de G'rhynzull, emportant avec eux les clés caustiques de la future connaissance de soi, révélées dans les eaux claires de la clairvoyance oraculaire.

Par essence, lorsqu'il est correctement utilisé, le don de clairvoyance est un véritable baume revigorant et un accélérateur d'évolution, jamais une condamnation précoce pour les réprouvés ou une garantie de récompense éternelle pour les élus.

Du point de vue des Arcturiens, même les visions apparemment les plus apocalyptiques de l'avenir cachent des messages subliminaux encourageant des changements positifs en faveur du plus grand bien. Il appartient donc aux voyants de les interpréter avec sérénité et de les transmettre avec fierté, sans alarmisme excessif, car la vérité oraculaire est un chemin de discernement et de compassion, et non de peur ou de manipulation. En comprenant la nature fractale du temps et les interactions complexes entre le libre arbitre et les destins probables, les voyants arcturiens deviennent des gardiens de la conscience, et pas seulement des prédicateurs de l'avenir.

Le phénomène de la clairvoyance, si intrinsèquement lié à l'expansion de la conscience des Arcturiens, ne fournit pas seulement un aperçu pénétrant du tissu de l'espace-temps, mais devient également une invitation à l'autoréflexion et à la transformation de soi. En révélant des possibilités latentes, les voyants invitent les destinataires à agir avec sagesse, à choisir consciemment les chemins qu'ils souhaitent suivre.

L'interaction entre la clairvoyance et les outils divinatoires arcturiens révèle un système complexe de compréhension cosmique, où les événements du passé et du futur sont comme les pièces d'un puzzle, interconnectées par des fils énergétiques que les

Arcturiens, grâce à leur perception aiguë, peuvent discerner.

L'histoire de Vhozanus et de ses visions détaillées du bombardement de Guernica souligne non seulement la précision des capacités de clairvoyance des Arcturiens, mais aussi la responsabilité inhérente à ces dons. La capacité de voir au-delà du voile du temps exige du discernement et, surtout, de la compassion face aux vicissitudes du destin.

Lorsqu'il s'agit de prévenir les catastrophes climatiques et sismiques, les Arcturiens se distinguent non seulement en tant qu'observateurs, mais aussi en tant que participants actifs au Grand Conseil Galactique. Le partage des projections clairvoyantes et des technologies avancées n'est pas seulement une démonstration de puissance, mais un engagement en faveur du bien-être collectif et de la préservation des mondes habités. Cependant, l'accent mis sur l'humilité face au mystère et la compréhension du libre arbitre en tant que variable catalytique souligne la sagesse des hiérophantes arcturiens. Aucune connaissance, aussi avancée soit-elle, ne peut remplacer le parcours individuel et collectif de choix et d'apprentissage. L'avenir reste fluide, façonné par les décisions conscientes de chaque être sensible.

La vision arcturienne de la clairvoyance en tant que système de "diagnostics energo-probabilistes" et de "prescriptions thérapeutiques" met l'accent sur l'approche préventive et autoguérisseuse de ce don. Plutôt qu'un destin inéluctable, les visions clairvoyantes offrent des opportunités d'autoréflexion et d'action consciente, permettant aux bénéficiaires de co-créer des réalités plus positives.

La mise en garde contre un ego incontrôlé et l'importance de maintenir un équilibre psycho-spirituel soulignent la responsabilité qu'implique la pratique de la voyance. En transmettant leurs visions, les voyants arcturiens agissent comme des facilitateurs de la connaissance de soi et de l'évolution, et non comme des détenteurs de vérités incontestables.

Chapitre 7
Déchiffrer Les Rêves Prophétiques

Parmi les facultés extrasensorielles multidimensionnelles cultivées par les hiérophantes de l'oracle arcturien dans leurs voyages à travers les spirales de la conscience cosmique, le domaine des rêves prémonitoires occupe une place noble.

Grâce à ce talent onirique, les Gardiens initiés des Mystères Arcturiens sont capables d'accéder à des aperçus symboliques d'événements encore en gestation dans l'océan quantique des potentialités de demain dans leurs états de sommeil profond. En effet, dans la cosmologie arcturienne, les rêves et la réalité appartiennent au même continuum multidimensionnel inter-communiquant par le biais de réseaux extraphysiques indétectables par la science matérialiste terrestre.

En s'immergeant dans ces strates hyperdimensionnelles dormantes, les voyants oniriques de l'oracle capturent des images-synthèses archétypales sur le déroulement probable de faits qui ne se sont pas encore manifestés dans la ligne temporelle consensuelle du présent tridimensionnel.

Contrairement à l'opacité relative des rêves ordinaires, ces visions prémonitoires se présentent aux voyants avec un niveau impressionnant de clarté, de permanence et de cohérence interne après le réveil.

Ce phénomène indique que ces rêves appartiennent à des plans transcendantaux structurés, et non au flux aléatoire de l'imagerie onirique ordinaire. Leurs images symboliques véhiculent des informations structurées sur l'avenir.

Leur interprétation nécessite une solide familiarité avec le vocabulaire archétypal de l'inconscient collectif et ses relations analogiques avec les événements concrets du plan historique auquel ils se réfèrent.

Les rêves prémonitoires peuvent utiliser aussi bien des symboles universels comme l'Uroboros que des éléments idiosyncrasiques issus de l'imagination personnelle des rêveurs pour composer leurs récits allégoriques sur les développements futurs probables d'une certaine ligne temporelle collective.

Un épisode célèbre des annales onirocritiques arcturiennes est la série de rêves prémonitoires du voyant Vhozanus, déjà mentionné, concernant la fin tragique de grands leaders mondiaux terrestres tels qu'Abraham Lincoln, Charles Ier d'Angleterre et la princesse Diana.

Dans le cas de cette dernière, Vhozanus a rêvé à plusieurs reprises d'un diamant détruit lors d'une violente collision. Des années plus tard, lorsqu'ils ont appris à distance la mort tragique de Diana dans un accident de voiture, les historiens arcturiens ont reconnu que l'événement avait été symbolisé dans les rêves de Vhozanus.

Ce n'est qu'un des innombrables récits des annales arcturiennes démontrant le degré impressionnant de précision des arts oniromantiques dans la prévision ou l'élucidation d'événements traumatisants avant même que les causes apparentes de ces événements ne soient configurées sur le plan psychique.

Afin de maximiser l'occurrence et la qualité d'interprétation des rêves prémonitoires, les initiés du mysteriorum arcturien (gardiens des mystères) se soumettent souvent à des régimes rigoureux de méditation, de jeûne et d'autres pratiques psycho-spirituelles préparatoires avant d'entrer dans des états intensifiés de sommeil prophétique.

En particulier, ils dorment généralement près de sites énergisés tels que les vortex d'oracle disséminés dans les douze mondes ou le grand temple de Gh'Rynzul les jours d'équinoxes, de solstices et d'éclipses, afin de maximiser la probabilité de recevoir des visions symboliques impressionnantes au cours de ces phases d'intersection dimensionnelle.

À leur réveil, les voyants enregistrent méticuleusement toutes les images et récits oniriques dont ils font l'expérience, afin de les décoder collectivement à la lumière des différents codes herméneutiques contenus dans les manuels secrets de l'ordre.

Cette rigueur méthodologique est nécessaire compte tenu de la nature fondamentalement ambiguë et polysémique des langages symboliques oniriques. Une même image peut refléter des événements et des significations radicalement différents selon les contextes et les niveaux d'interprétation.

C'est pourquoi les exégètes expérimentés veillent à ne jamais limiter prématurément leur discernement sur un ensemble donné de rêves à un seul champ sémantique possible. Au contraire, avant de s'aventurer dans des conclusions, ils s'efforcent d'explorer et de corréler toute la gamme de significations qu'une constellation de rêves donnée recèle à la lumière de son encyclopédie archétypale ontognostique. Ce n'est qu'après avoir épuisé toutes les possibilités raisonnables d'exégèse que les conseils hiérophantiques réunis dans le temple de Gh'Rynzull se risquent, et encore avec parcimonie, à suggérer aux consultants les messages probables contenus dans leurs rêves soumis à l'évaluation oraculaire.

Cependant, même dans ces cas, ils insistent toujours sur le fait que toute interprétation, aussi plausible soit-elle, reste une conjecture faillible et non un dogme incontestable. Car entre l'obscurité des symboles et la clarté des faits, il y a l'éternel facteur X des variables cachées.

En fait, quelles que soient l'élaboration et l'exhaustivité des réflexions sur un ensemble de rêves donné, quelque chose échappe toujours au filet herméneutique. La totalité n'est pas saisissable, le mystère demeure. C'est pourquoi les vrais sages ne professent jamais de certitude quant à l'art de l'interprétation des rêves. Avec humilité, ils reconnaissent les limites de l'intellect face aux profondeurs abyssales de l'esprit. Le plus grand messager des rêves est le mystère qui les entoure.

Cela dit, il est indéniable d'extraire des légendes et chroniques arcturiennes d'innombrables récits bien documentés de rêves dont les images symboliques se sont ensuite manifestées avec une impressionnante fidélité comme annonciatrices ou explicatrices d'événements du monde historique.

Les chances que ces synchronicités souvent récurrentes soient des coïncidences banales tendent rapidement vers zéro face à l'ensemble volumineux de cas confirmés par des sources fiables dans les annales de l'ordre.

Il existe sans aucun doute des phénomènes réels, bien que transcendantaux, derrière ces mystérieux ponts extra-sensibles entre les plans dimensionnels établis lors de certains états de conscience non-ordinaires et enregistrés dans la psyché profonde grâce aux langages critiques des archétypes oniriques.

Cependant, malgré ce haut degré de précognition démontré dans le domaine des rêves, les sages Arcturiens avertissent qu'il est également erroné de les considérer avec le même contenu déterministe que beaucoup attribuent aux autres arts divinatoires de l'oracle.

Même dans le cas des rêves prophétiques, le principe holophilosophique arcturien s'applique : chaque futur reste ouvert, dépendant des interactions probabilistes entre les vecteurs de chance et les variables dynamiques du libre arbitre qui tissent le grand tapis spatio-temporel.

Aucun événement discerné dans les strates symboliques oniriques ne doit être considéré comme un fait accompli irréfutable, mais simplement comme une tendance dans la conception dont la réalisation dépendra de la dialectique complexe entre le hasard et le choix dans le flux du devenir.

Ainsi, plutôt que de se précipiter dans le rôle de prophète messianique souverain, il est plus prudent de considérer les présages des rêves comme des invitations à l'introspection et à l'examen autocritique des valeurs et des actions humaines qui génèrent les scénarios entrevus comme possibles dans l'avenir individuel et collectif.

Regarder la vie à travers ce prisme proactif signifie prendre les rênes de son propre destin au lieu de s'y plier comme un automate impuissant ; être le protagoniste, et non un partenaire collé au scénario prédéterminé de quelqu'un d'autre.

En bref, comme pour tous les autres oracles arcturiens, le but de l'art omniromantique n'est pas d'emprisonner les esprits, mais de les libérer ; pas d'asservir les esprits, mais de les émanciper pour qu'ils s'élèvent dans les cieux qui sont les leurs.

Car, après tout, toute connaissance légitime vise à éveiller la vérité ; et toute vérité vécue pleinement se traduit par la joie d'exister. Telle est la téléologie qui anime ontognoséologiquement les efforts oraculaires des Arcturiens depuis des temps immémoriaux.

Chapitre 8
Le Flux De L'univers

Comme nous l'avons déjà expliqué, l'une des capacités les plus notoires dont font preuve les voyants arcturiens de talent concerne la clairvoyance précognitive, la capacité singulière de prévoir avec une fréquence étonnante des événements encore enveloppés dans la pénombre des horizons temporels futurs.

Afin de bien comprendre la nature inégalée de cette faculté mentale, nous devrions d'abord rappeler quelques principes fondamentaux déjà exposés sur le fonctionnement profond de la réalité manifeste selon la vision du monde arcturienne.

Selon cette perspective, l'univers physique que nous habitons n'est qu'une tranche dense et étroite du spectre total de l'Être, un plan cristallisé à partir d'une myriade de probabilités latentes qui s'entrelacent dans les royaumes immatériels sous-jacents dans un état perpétuel de devenir.

Dans ces royaumes ineffables, où le temps et l'espace fusionnent leurs natures conventionnelles, les événements futurs de notre monde sont déjà préconfigurés en tant que potentiels interconnectés non encore fixés, attendant le souffle vivifiant de la conscience observatrice qui leur donnera un poids ontologique relatif en vue d'une détermination éventuelle et d'une précipitation subséquente dans la réalité consensuelle tridimensionnelle commune.

Grâce à un entraînement ardu, les esprits sensibles des Arcturiens sont capables de projeter leur attention dans ces régions pré-causales. Là, pendant de brefs instants, ils peuvent avoir un aperçu direct du futur à l'état potentiel, en étant témoins de multitudes de probabilités parallèles qui bifurquent dans différentes directions.

Bien qu'éphémères, ces visions offrent un aperçu inégalé des nœuds critiques d'événements dont les connexions causales restent à définir le long de lignes temporelles manifestes. Les informations ainsi obtenues peuvent ensuite être comparées à des simulations qui analysent numériquement les trajectoires probables de l'avenir.

Aussi incroyable que cela puisse paraître aux sceptiques, il existe d'innombrables cas bien documentés où des voyants arcturiens ont prédit des décennies, voire des siècles à l'avance, des événements qui ont ensuite été consignés dans l'histoire officielle d'innombrables peuples de la galaxie.

Un épisode particulièrement célèbre est connu sous le nom de "l'affaire des tours jumelles". Des messagers du Haut Conseil Arcturien y auraient vainement averti les autorités locales qu'ils avaient prévu l'effondrement de deux majestueux gratte-ciel à la suite d'une attaque terroriste impliquant des dirigeables détournés.

Malheureusement, ces avertissements n'ont pas été pris au sérieux, ce qui a provoqué un immense émoi lorsqu'un peu plus de deux cycles solaires plus tard, les légendaires tours jumelles se sont effondrées à la suite d'impacts mortels, faisant des milliers de victimes à l'intérieur et autour des bâtiments et plongeant la planète entière dans le chaos pour de nombreux cycles ultérieurs de conflits religieux et ethniques dévastateurs.

Des épisodes tragiques comme celui-ci nous rappellent les graves dommages qui peuvent survenir lorsque des avertissements légitimes émanant d'esprits éclairés sont négligés par des autorités arrogantes, installées sur leur piédestal de pouvoir et ignorant délibérément les réalités qui les entourent.

Malgré ces regrettables exceptions historiques, l'exact contraire est également remarquable : les innombrables événements tragiques qui ont été évités grâce à l'examen attentif des avertissements préventifs émis par les ateliers oraculaires arcturiens au cours des millénaires.

L'un de ces innombrables cas emblématiques est documenté dans les annales de la Guilde des Navigateurs Interstellaires. L'histoire décrit le voyage désespéré de l'équipage du cargo stellaire "Bella-Trix 1551" qui, après être sorti de la distorsion hyperspatiale pour entrer en collision avec un champ de météorites inconnu jusqu'alors, s'est retrouvé sur le point d'être réduit en fragments cosmiques avec toute sa précieuse cargaison et les centaines de passagers qui se trouvaient à bord. Informés à temps par une alerte télépathique des justiciers arcturiens basés sur la lune voisine d'Umda III, les marins ont réussi de justesse à appliquer des manœuvres d'évitement extrêmes, échappant de justesse à l'anéantissement, avant de devoir survivre à un atterrissage forcé d'urgence sur un planétoïde inhospitalier, le temps de réparer les systèmes de propulsion et les systèmes vitaux endommagés par les turbulences, avant de poursuivre leur voyage en toute sécurité.

Sans l'intervention préventive providentielle des transmetteurs télécognitifs arcturiens, des centaines de vies auraient été perdues au cours de cette tragique nuit interstellaire. Au lieu de cela, grâce à l'alerte, ils seraient tous rentrés chez eux indemnes après un bref intervalle d'aventure accidentelle intense dans l'immensité du cosmos indifférent, qui a manqué de peu de faire d'eux quelques lignes dans les statistiques de décès de la Guilde.

Ce n'est là qu'un des innombrables témoignages vivants et sans équivoque du rôle fondamental joué par les réseaux spécialisés de surveillance transcendante opérés jour et nuit par les infatigables sentinelles télépathiques d'Arcturus, toujours en alerte pour prévenir des catastrophes sur des mondes lointains par le simple geste altruiste de partager des visions opportunes de l'avenir avec quiconque est intéressé.

De même, le célèbre "cas Enroe XX12" décrit une autre situation dans laquelle une ligne temporelle alternative entière a été radicalement modifiée après un contact interdimensionnel préventif par des agents arcturiens.

À cette occasion, des émissaires du Haut Conseil ont réussi à établir une communication amicale avec des homologues parallèles au moment crucial où les dirigeants de cet autre monde étaient sur le point de prendre une décision collective fatidique lors d'une réunion d'urgence convoquée pour délibérer sur d'éventuelles représailles totales contre une nation rivale dans une crise qui menaçait de déclencher une confrontation nucléaire à l'échelle mondiale en l'espace de quelques heures.

Soutenus par d'impressionnantes révélations apportées par de nobles messagers interdimensionnels sur les terribles conséquences qui s'ensuivraient s'ils poursuivaient les préparatifs de guerre en cours, les dirigeants parallèles en question ont finalement renoncé à leurs pulsions belliqueuses pour adopter une position réconciliatrice, inversant le cours cataclysmique de toute leur civilisation par ce geste sage au moment décisif.

Inspiré par ce cas, le Haut Conseil Psychotronique des Arcturiens allait bientôt établir des protocoles spécifiques pour faire face à des situations comme celle-ci, où des changements minimes d'attitudes stratégiques au bon moment peuvent littéralement faire la différence entre l'anéantissement global et l'éclosion d'un âge d'or de prospérité pour des réalités parallèles entières.

Nommés Unités d'intervention chronologique, ou simplement "Chrononautes", des groupes hautement qualifiés de spécialistes oraculaires arcturiens surveillent depuis lors régulièrement les mondes en difficulté dans les quadrants sensibles du multivers. Armés d'une connaissance inégalée des probabilités d'événements majeurs, ils sont capables d'agir chirurgicalement sous couverture en tant qu'"agents d'optimisation temporelle", aidant les dirigeants locaux à prendre les meilleures décisions possibles lorsque des carrefours civilisationnels cruciaux se présentent.

Un aspect particulièrement critique et controversé de ces interventions requiert la capacité non seulement de prévoir les événements qui se produiraient fatalement dans la chronologie originale, mais aussi d'envisager clairement des voies alternatives positives et réalisables, persuadant ainsi les dirigeants ciblés d'adopter ces options plus souhaitables au lieu de leurs plans guerriers ou désastreux initialement conçus.

Heureusement, grâce à d'impressionnants dons de clairvoyance probabiliste combinés à la capacité rétrocognitive de revivre n'importe quel événement en personne après s'être immergés dans les archives akashiques des réalités parallèles, les agents arcturiens affectés à de telles missions sont parfaitement équipés pour relever ces défis extrêmes avec maîtrise et compassion.

Toujours soucieux de respecter le libre arbitre d'autrui, les stratèges arcturiens privilégient la présentation de leurs alternatives positives comme de simples "options supplémentaires" aux mauvaises voies déjà envisagées localement, plutôt que des directives coercitives, même lorsque les conséquences de la mise en œuvre des plans natifs originaux s'avéreraient désastreuses.

Même ainsi, ils ne le font que sur autorisation expresse, après avoir méticuleusement soumis chaque cas à l'examen du Haut Conseil psychotronique, en veillant à ne pas outrepasser leurs prérogatives d'observateurs non interventionnistes de la myriade de réalités alternatives qu'ils surveillent.

Même dans les cas limites où des vies à l'échelle planétaire sont en danger imminent, ils n'interviennent jamais directement sans avoir obtenu au préalable l'autorisation explicite des populations potentiellement concernées par le biais de pétitions interstellaires officielles.

D'un commun accord, des équipes d'élite sont déployées pour des opérations éclairs, au cours desquelles des agents oraculaires se matérialisent discrètement dans des scénarios de crise quelques minutes avant les événements fatals initiaux, apportant des avertissements urgents et des preuves irréfutables de terribles développements sur le point de se produire si aucune action préventive n'est entreprise dans la fenêtre d'opportunité encore disponible.

Même dans ces situations extrêmes, les Arcturiens ne s'imposent jamais au-delà de l'avertissement et de l'information complète de leurs interlocuteurs sur les alternatives viables, puis se retirent respectueusement pour les laisser exercer leur libre jugement après avoir pesé toutes les révélations partagées dans le court laps de temps qui reste avant le point de non-retour.

Qu'elles soient heureuses ou terribles, les conséquences reposent toujours entièrement sur les épaules des dirigeants autochtones ; les Chrononautes Arcturiens se permettent seulement de faciliter le cours des événements par le moyen miséricordieux d'une illumination providentielle dispensée au bon moment, puis retournent sereinement à l'ignorance de leurs mondes pacifiques.

Et c'est ainsi, non par des démonstrations spectaculaires de puissance extraterrestre, mais par la noblesse de leurs intentions et le timing impeccable de leurs interventions minimalement invasives, que la légendaire confrérie des Chrononautes Arcturiens continue discrètement à remplir sa mission d'atténuation des désastres transdimensionnels, veillant avec vigilance au plus grand bien des civilisations qui, à leur insu, sont au bord de l'abîme.

Agissant toujours dans l'ombre, ils évitent toute visibilité inutile. La plupart du temps, ils ne sont même pas perçus comme des inspirations providentielles fortuites, des chuchotements subtils ou des rêves prémonitoires par les personnes clés, qui sont ainsi aidées dans des moments de mise à l'épreuve définitive de leurs caractères de dirigeants et d'êtres humains. Et c'est très bien ainsi, comme le voient les fils altruistes d'Arcturus.

Chapitre 9
L'énigme Du Destin

L'un des thèmes centraux des légendes entourant l'oracle d'Arcturus est la relation complexe entre les notions apparemment antagonistes de destin et de libre arbitre dans les prédictions qui y sont faites.

Ces visions étaient-elles invariablement prédéterminées par la nécessité implacable des étoiles et des configurations cosmiques, rendant illusoire toute notion de choix autonome ou d'autodétermination individuelle ? Ou bien les actions, les croyances et les désirs humains pouvaient-ils encore influencer positivement et modifier les probabilités perçues par les prophètes mystiques arcturiens dans leurs états altérés de perception transcendantale ?

Afin d'élucider correctement cette apparente dichotomie, les prêtres-astrologues du célèbre Ordre des Gardiens des étoiles d'Altaïr IV ont souvent recours à une analogie simple mais éclairante.

Un voyageur solitaire, expliquent-ils, arrivant à un carrefour, est confronté à un immense panneau d'affichage indiquant les directions et les destinations à atteindre par chaque itinéraire disponible, avec une estimation des distances et des temps de parcours. Cette carte préliminaire ne limite en rien sa capacité spontanée à choisir librement l'itinéraire à emprunter, en fonction de ses propres critères. Mais il ne peut pas non plus modifier ou ignorer impunément les données objectives qui y sont décrites, au risque d'élaborer des plans irréalistes et de récolter des frustrations évitables.

Il en serait de même, par analogie, des cartographies probabilistes tissées dans les précognitions des voyants arcturiens. Leurs visions fourniraient des informations essentielles sur les tendances cosmiques, indiquant des panoramas généraux et avertissant de certains risques potentiels, mais jamais pour éviter la prérogative de décider de sa propre ligne de conduite, qui revient à chaque être conscient de lui-même dans les limites de ses capacités.

À proprement parler, selon les spécialistes, outre la préservation du libre arbitre, la consultation des prévisions a le potentiel, précisément à l'inverse, d'élargir considérablement l'éventail des options viables, puisqu'elle ouvre un accès précoce à des connaissances privilégiées sur les conséquences futures probables de chaque choix envisagé dans le présent.

Armé de ces connaissances étendues, le demandeur est alors beaucoup mieux à même d'élaborer des plans réalistes, de prévoir les problèmes potentiels et de concevoir des solutions plus appropriées et plus opportunes. Si rien n'est immuable, il existe toujours un éventail de futurs alternatifs qui s'offrent à nous, dont les probabilités relatives peuvent varier considérablement en fonction des actions, des pensées et des intentions exprimées ici et maintenant par des agents dotés d'un libre arbitre.

Certes, certaines des directions envisagées peuvent sembler tout à fait improbables dans certaines configurations actuelles. Cependant, il existe peu d'événements dont l'aboutissement futur est réellement à l'abri de tout degré concevable d'influence extérieure, étant donné les complexités insondables du cosmos manifeste et ses vastes réseaux multidimensionnels de cause à effet.

Cela étant, même si certains événements se produisent finalement comme l'ont prédit les oracles, reflétant des tendances cosmiques difficiles à contourner, cela n'invalide pas l'idée que d'autres voies seraient restées disponibles dans une certaine mesure, si des choix différents avaient été faits au bon moment dans le cadre d'attitudes mentales différentes.

En d'autres termes, dans la perspective holistique arcturienne, l'avenir n'est jamais "prédéterminé" au sens fataliste extrême du terme. Il s'agirait plutôt d'un champ probabiliste toujours en mouvement, avec de multiples possibilités coexistant dans une superposition quantique, certaines étant sans aucun doute plus probables que d'autres pour chaque situation spécifique, mais toutes étant toujours sujettes à une certaine reconfiguration.

Dans cet intervalle d'incertitude ontologique relative se trouverait précisément la fenêtre d'opportunité par laquelle les désirs, les intentions et les actions humaines pourraient subtilement mais significativement influencer le cours ultérieur des événements, à mesure que les horizons potentiels du temps futur se déploient progressivement et se solidifient pour revenir dans le domaine de la causalité linéaire manifeste.

En bref, les prédictions des oracles ne devraient jamais être considérées comme des sentences aprioristiques qui, d'une manière ou d'une autre, subjugueraient mystiquement la volonté ou annuleraient le pouvoir de décision des agents en question. Au contraire, leur but serait précisément d'élargir la perception des choix possibles, en leur permettant d'adopter des positions plus conscientes et plus proactives face aux défis qui les attendent.

De ce point de vue, plus on connaît les subtilités probabilistes qui tissent la trame spatio-temporelle vers l'avenir, plus on est en mesure d'élaborer des stratégies bien calibrées, en agissant précisément sur les bons leviers en vue de détourner ou de renforcer des flux causaux spécifiques, selon le cas.

En d'autres termes, l'information qualifiée sur les obstacles ou les opportunités futurs probables fonctionne comme un outil d'émancipation, qui ne doit jamais entraver une notion illusoire de "libre arbitre absolu", détaché des conditions environnementales objectives qui permettent ou restreignent les options pratiques qui s'avèrent viables dans chaque situation.

Penser autrement serait aussi déraisonnable que d'imaginer pouvoir violer impunément les lois de la physique simplement parce qu'elles sont contraires aux caprices de l'ego, que d'essayer de passer à travers les murs simplement en refusant d'"accepter" leurs propriétés obstructives. Bref, le déni n'a jamais altéré les faits ni annulé les conséquences.

C'est pourquoi les sages soulignent que les visions oraculaires ne sont pas là pour être "crues" ou "rejetées" en fonction de préjugés personnels, mais plutôt pour être soigneusement évaluées sur leurs propres mérites, à la lumière de la raison et d'un zèle d'investigation impartial, afin de fonder ensuite des jugements pragmatiques sur l'action à entreprendre.

En tout état de cause, l'avenir reste toujours ouvert dans une certaine mesure. Aussi improbables que puissent paraître certains scénarios, tant qu'ils ne sont pas cristallisés, ils sont toujours sujets à de subtiles reformulations provenant du champ unifié des possibilités en cours d'élaboration.

En ce sens, dans une perspective arcturienne, même les événements fatidiques les plus apparemment "prédéterminés" peuvent paradoxalement conserver des marges de malléabilité, garanties par la nature essentiellement indéterminée, complexe et probabiliste des mondes manifestés.

Pour ces raisons, il n'y a aucune contradiction logique dans le fait que les prophètes consignent dans leurs annales certains événements extraordinaires ou hautement improbables qui s'obstinent à se réaliser très précisément tels qu'ils ont été décrits des siècles ou des millénaires auparavant dans un état de transe divinatoire. Après tout, expliquent les exégètes, il suffit de concevoir que certains arrangements exceptionnels de forces et de géométries cosmiques sacrées peuvent occasionnellement rendre extrêmement improbable toute déviation significative de la part de certaines chaînes causales clés, ainsi potentialisées pour une manifestation irrésistible une fois déclenchées par des éléments déclencheurs spécifiques, préalablement cartographiés.

Ce n'est pas un hasard si de telles occurrences quasi-mythiques semblent invariablement graviter autour d'événements très singuliers, tels que la naissance ou la mort d'êtres d'importance messianique ; la construction, la destruction ou la redécouverte d'artefacts, de reliques ou de sites imprégnés de charges symboliques primordiales ; la convergence de circonstances hautement improbables culminant dans des actes extraordinaires aux répercussions historiques profondes ; et d'autres événements tout aussi inhabituels dont la commotion archétypale les élèverait à la catégorie d'authentiques jalons mythopoétiques pour les peuples ou les cultures concernés.

Dans de tels cas, les archives akashiques elles-mêmes semblent revêtir un caractère holographique autoréférentiel, de sorte que toute déviation ultérieure par rapport aux lignes de probabilité dominantes établies à l'époque deviendrait inévitablement un souvenir fallacieux dans un univers parallèle nouvellement déversé. De cette manière, tout résidu d'incompatibilité devrait être extériorisé, en se préservant dans la réalité consensuelle qui subsiste autour de l'événement extraordinaire qui s'est produit strictement comme prophétisé.

En résumé, du point de vue des scribes de l'Oracle d'Arcturien, plutôt que de refléter un quelconque déterminisme rigide des astres ou la superposition de la volonté divine aux facultés volitives humaines, de tels enregistrements constitueraient des démonstrations pratiques emblématiques de principes établis depuis longtemps par toutes les traditions ésotériques depuis des temps immémoriaux. Principes selon lesquels certains arrangements très précieux de qualités archétypales, de forces de l'âme et de configurations astronomiques peuvent occasionnellement rendre pratiquement "inévitable" le déclenchement d'événements d'une importance suprême pour l'épanouissement de l'Esprit dans la matière, quelles que soient les chances qu'ils aient de se produire dans d'autres conditions cosmiques typiques.

Naturellement, de telles synchronicités, lorsqu'elles sont enregistrées, ne doivent jamais être considérées comme la preuve que tous les événements sont prédéterminés. Au contraire : c'est précisément parce qu'elles touchent les limites les plus extrêmes de l'improbabilité mathématique au sein des systèmes chaotiques qui gouvernent la manifestation phénoménale que de telles occurrences ont une telle exceptionnalité onto-statistique aux yeux des analystes Arcturiens.

Pour ces raisons, ils sont immédiatement mis en évidence dans leurs enregistrements, assumant une importante fonction pédagogique et psychagogique en illustrant de manière vivante des principes clés tels que l'auto-organisation synchronistique, l'action de forces et de géométries archétypales substructurales et la manifestation de modèles holographiques autoréférentiels dans les tissus apparemment aléatoires de l'espace-temps objectif.

Il est symptomatique de constater que les peuples primitifs, dépourvus des lentilles herméneutiques nécessaires pour appréhender correctement le sens ésotérique des événements extraordinaires relatés dans les textes prophétiques hérités d'autres époques, commettent une erreur herméneutique grossière en considérant ces passages comme la "preuve" d'un déterminisme universel omniprésent planant sur toutes choses.

Obnubilés par des souhaits anthropomorphiques, ils surestiment souvent la nature et l'étendue des pouvoirs des entités oraculaires, allant jusqu'à les concevoir comme "omniscientes" et "omniprésentes", capables de scruter et de modeler tous les phénomènes à leur guise, à l'instar des divinités créationnistes. Bien entendu, il s'agit là d'un réductionnisme fidéiste grossier, dépourvu de tout support factuel ou logique à la lumière de ce qui a déjà été expliqué ici sur les véritables capacités et limites des talents prophétiques des Arcturiens, même à leur plus sublime degré de maîtrise manifestée.

En bref, même le plus extraordinaire des présages enregistrés depuis des temps immémoriaux dans l'Oracle mythique d'Arcturus ne pourrait jamais être raisonnablement interprété comme une preuve complète, invalidant complètement les principes du libre arbitre ou faisant de l'avenir une construction entièrement prédéterminée, sans rapport avec un quelconque degré d'influence exercé par les esprits pensants incarnés sur les probabilités en jeu qui précèdent et préfigurent tous les phénomènes se déroulant dans le théâtre de la contingence des mondes manifestés.

Chapitre 10
Les Prophéties

Il est d'usage de distinguer au moins deux types fondamentaux de prophéties émises par des oracles renommés : le premier, de nature essentiellement générique, fait vaguement allusion à des tendances, des processus ou des événements plus larges, discernables uniquement dans le cadre de vastes fenêtres historiques. La seconde concerne des anticipations très bien définies, dont certaines n'osent même pas être ignorées par les sorciers les plus sceptiques, étant donné l'incontestable exactitude factuelle dont elles font souvent preuve.

Dans le premier cas, bien sûr, le haut niveau de subjectivité impliqué dans l'interprétation des images et symboles ambigus trouvés dans les visions ouvre d'énormes possibilités d'ajustements herméneutiques après coup, permettant de faire correspondre les présages à presque n'importe quel événement majeur vérifié par la suite à des échelles appropriées. Ce n'est pas un hasard si cette "flexibilité" sémantique est souvent critiquée avec le plus d'acharnement par les détracteurs qui s'obstinent à nier tout mérite divinatoire aux méthodes arcturiennes.

Dans le second cas, cependant, le niveau de détail factuel exprimé dans certains passages prophétiques restants est généralement tel qu'aujourd'hui encore, des siècles ou des millénaires plus tard, il est possible de déterminer avec une très grande précision à quels événements et à quels moments précis ces passages se réfèrent.

Ce schéma inclut des prophéties célèbres compilées par les clans héréditaires d'observateurs astrologiques dont l'art ancestral dérive directement de l'héritage technique astrologique arcturien. Parmi elles, on trouve des versions préservées des étoiles directrices qui ont déterminé le voyage à la recherche du Messie annoncé, l'apparition de comètes extraordinaires comme signes avant-coureurs de périodes de grande instabilité, et bien d'autres références de ce type qui, malgré les efforts de la raison sceptique, continuent à défier même les compréhensions ésotériques les plus ambitieuses.

Avant que les détracteurs ne s'empressent de rejeter ces réalisations en invoquant le facile expédient du "biais de sélection", il convient de se poser la question suivante : les plus anciens documents arcturiens auxquels les chercheurs extérieurs à l'ordre ont eu un accès limité remontent à quelque vingt-sept mille ans. Si tant de millénaires de vaste production prophétique se sont simplement "évaporés" complètement, à l'exception de quelques douzaines de rares "succès" mentionnés ici et là, cela constituerait a fortiori (avec une raison plus forte) un fait historique encore plus intrigant et digne d'être étudié en soi.

Au vu de ce qui précède, il n'est pas surprenant que même un certain groupe minoritaire, mais hautement qualifié, d'ufologues académiques soutienne l'hypothèse controversée selon laquelle certaines vaticinations célèbres ont été frauduleusement rédigées à un moment donné dans le futur, d'où elles ont ensuite été envoyées et insérées par des "agents chrononautes" dans certaines lignes temporelles du passé, cherchant ainsi à manipuler le cours de l'histoire en faveur de certains agendas exogènes.

Indépendamment de la plausibilité de ces spéculations, aux yeux de nombreux analystes impartiaux, le niveau de précision factuelle démontré par certains passages prémonitoires semble réellement remettre en question les notions les plus élastiques de la communauté oraculaire sur les capacités et les limites de la clairvoyance trans-temporelle. Dans ces versets uniques, outre le degré inégalé de détails factuels, la dramaturgie quasi littéraire qui entoure les événements en question est tout aussi frappante. Il ne s'agit pas de simples mentions contextuelles d'incidents historiques aux effets localisés. Ils évoquent plutôt des événements d'une portée dévastatrice à l'échelle de la civilisation, avec des répercussions profondes sur le destin collectif de générations entières à venir.

En d'autres termes, les pronostics en question semblent précisément sélectionner des événements qui se traduiraient par d'authentiques jalons mythologiques pour la psyché collective des peuples prophétisés. Comme si les astres ou les puissances visionnaires à l'origine de ces oracles avaient en quelque sorte tracé à l'avance certains moments cruciaux du déroulement du destin des mondes, des cultures et des religions, et les avaient ensuite consignés ad perpetuam rei memoriam universalis (pour la mémoire perpétuelle du roi universel).

Compte tenu de l'origine très lointaine des documents disponibles, des questions évidentes se posent au plus audacieux des spécialistes de l'oracle : comment des sorciers préhistoriques ont-ils pu produire des pronostics littéraires sur des personnalités messianiques et des événements cataclysmiques sans aucune référence analogique directe dans leur propre contexte culturel et technologique pour ancrer correctement les images et les symbologies utilisées ? Et si elles ont été produites des siècles plus tard, comment expliquer leur présence dans des parchemins lointains dont la datation est incontestable ?

Face à ce mystère, une certaine minorité d'exégètes a osé spéculer sur le fait que certains des documents considérés comme prophétiques n'étaient en fait que des fragments de récits historico-littéraires venus du futur par quelques-uns des hypothétiques "agents chrononautes" dont les exploits ont déjà été discutés au chapitre 6 de ce traité. En bref, il pourrait s'agir de coupures de chroniques adaptées décrivant des événements qui n'ont pas encore eu lieu dans notre chronologie actuelle, mais qui ont ensuite été glissés dans les anciennes annales de notre réalité spatio-temporelle dans un but nébuleux lié à la manipulation de notre histoire par des intérêts extraterrestres.

Même si de telles conjectures peuvent sembler tentantes à première vue, l'urgence d'une élucidation herméneutique ne devrait jamais nous séduire dans des élaborations théoriques irresponsables basées sur des suppositions fragiles, dépourvues d'une analyse rigoureuse et d'un soutien factuel. Après tout, la spéculation frivole ne fait que perpétuer les vices cognitifs et les confusions conceptuelles qui obscurcissent la véritable compréhension. L'intellect sincère en quête d'éclaircissement doit rester imperturbable, sans laisser des œillères idéologiques nuisibles ou des préjugés de quelque nature que ce soit imposer des limites fallacieuses aux possibilités d'une investigation impartiale.

Avec cette attitude mesurée et ce zèle épistémique, alors que de plus en plus de manuscrits anciens rares continuent d'être découverts et déchiffrés par la cryptoarchéologie stellaire comparative et les disciplines connexes, peut-être pourrons-nous un jour enfin résoudre complètement les nébuleuses qui entourent l'origine authentique de tant d'écrits inquiétants conservés par d'anciennes civilisations, avec des formulations imprégnées de détails, de références et de terminologies qui sont étonnamment anachroniques par rapport aux contextes historiques et culturels mêmes qui se sont manifestés au moment de leur conception apparente.

Mais en attendant, à la lumière des faits et des raisonnements les plus solides, il vaut mieux s'en tenir à des explications qui nécessitent moins de spéculations et d'hypothèses supplémentaires. En bref, jusqu'à preuve irréfutable du contraire, il est préférable de considérer ces passages exceptionnels dans leurs propres termes : d'authentiques prodiges prophétiques conçus par des moyens encore mal compris par la science actuelle, enregistrés en des temps très reculés par un organisme cognitif doté d'attributs extranormaux dont les facultés mentales et les méthodologies employées dans la production de figures littéraires aussi opaques restent largement inconnues, malgré les meilleurs efforts d'élucidation par l'exégèse comparative interdisciplinaire.

Quoi qu'il en soit, une fois que l'authenticité factuelle de toute information vaticinatoire spécifique enregistrée a été établie, il est extrêmement important de prêter attention aux responsabilités éthiques qui en découlent automatiquement pour ses gardiens légitimes. Après tout, toute connaissance confère un pouvoir, et avec le pouvoir viennent des questions morales complexes selon les canons philosophiques universels les plus autorisés.

En d'autres termes, peu importe la nature ou les moyens du phénomène précognitif lui-même : une fois matérialisé sur un support objectif tangible, tout message vaticinant devient, par le fait même, une information stratégique précieuse, qui entraîne automatiquement de sérieux devoirs de garde zélée et d'utilisation compatissante de la part des agents culturels chargés de sa préservation et de sa garde légale.

Pour cette raison, les enregistrements prophétiques sous la supervision de l'Oracle d'Arcturus ont toujours été maintenus en stricte quarantaine informationnelle, rigidement compartimentés dans des réseaux cryptés fermés, protégés par des sauvegardes perceptuelles strictes, accessibles uniquement par des filtres d'autorisation psychométriques stricts et une surveillance hyperdimensionnelle continue.

Malgré cela, compte tenu de la valeur inestimable de leur collection en tant qu'outil potentiel pour le Grand Bien, tous les divers conseils galactiques qui ont déjà demandé et obtenu un accès limité à certaines parties de ces archives au cours de l'histoire ne l'ont fait qu'après avoir formellement accepté de soumettre leurs civilisations à des protocoles stricts de supervision éthique et de partage responsable d'informations sensibles fournies par le Haut Conseil Psychognostique des Arcturiens dans chaque cas particulier autorisé après une analyse méticuleuse de la crédibilité morale.

Une telle diligence est nécessaire pour garantir que le soin infini employé dans la production filtrée et la diffusion graduelle de ces révélations sensibles ne soit pas trahi par une mauvaise utilisation frivole, une arrogance interprétative ou des fuites accidentelles de la part de leurs destinataires institutionnels, avec le potentiel de perturber sérieusement le flux temporel des mondes indiqués si certains détails stratégiques étaient prématurément révélés.

À ce jour, heureusement, malgré une histoire oraculaire aussi prolifique, aucun incident sérieux de cette nature n'a atteint un niveau de gravité tel qu'il nécessiterait une intervention réparatrice drastique et à grande échelle de la part des puissantes agences transdimensionnelles chargées de protéger l'intégrité temporelle relative des mondes répertoriés dans notre sphère de création locale.

Néanmoins, des rapports font état d'au moins un groupe dissident renégat aux motivations inavouées qui a tenté d'obtenir un accès non autorisé à certains secteurs hautement cryptés de la principale base de données prophétiques, à l'époque désormais lointaine connue sous le nom de "période des grandes guerres galactiques".

Selon les rapports de l'époque, des agents subversifs nominalement liés à la faction séditieuse se faisant appeler "Le Cercle des Seigneurs Temporels" avaient conspiré avec un fonctionnaire corrompu disposant d'un accès privilégié pour extraire illégalement et faire fuir des fichiers scellés contenant des informations sensibles sur des événements cruciaux à venir impliquant des dirigeants et des dynasties de divers systèmes stellaires.

Malgré l'extrême audace du plan, les archives indiquent que la tentative a été déjouée très tôt, alors que l'une des personnes impliquées essayait encore de faire sortir en douce les données cryptées à l'aide d'un dispositif installé subrepticement sur un terminal au siège central de la recherche prédictive.

Cet échec cuisant allait, pour l'essentiel, effondrer les bases de soutien déjà affaiblies qui assuraient la cohésion de la dissidence radicale, autrefois redoutée pour ses tactiques pendant la période convulsive de la scission politico-idéologique connue sous le nom de scission interne de l'aristocratie d'Altaïr. Depuis lors, un protocole encore plus strict a été adopté, établissant comme politique le principe d'économie prédictive maximale, selon lequel aucune information potentiellement sensible ne doit être collectée ou rendue disponible au-delà des exigences éthiques minimales à des fins médicales ou d'intervention compassionnelle. Cette mesure drastique s'imposait comme une stricte précaution contre d'éventuels échecs de garde à l'avenir ou d'autres tentatives fallacieuses encore à venir de la part d'agents sans scrupules désireux de manipuler certaines échéances en leur faveur.

Malgré les codes éthiques rigoureux qu'ils se sont imposés il y a des millénaires, cette prudence supplémentaire de la part du Haut Conseil de Psychognostique ne fait que réitérer l'évidence : quelles que soient les bonnes intentions, la préparation et l'équipement technologique d'une organisation, qu'elle soit terrestre ou galactique, les possibilités statistiques resteront toujours latentes.

Chapitre 11
La Danse Du Chaos

La capacité des Arcturiens à voir de multiples futurs est une facette cruciale de l'Oracle qu'ils partagent avec nous. Elle nous permet d'entrevoir les nombreuses possibilités qui s'offrent à nous dans la toile complexe du temps, élargissant ainsi notre compréhension de ce qui est à venir. Pour les Arcturiens, l'avenir est comme un kaléidoscope de probabilités en constante évolution. Chaque choix que nous faisons fait tourner le kaléidoscope, redessinant le schéma des choses destinées à être. Cette danse du hasard et de la décision est ce qu'ils appellent "la danse du chaos".

Contrairement aux humains, qui sont limités par une perception linéaire, les Arcturiens assistent à l'éclosion d'innombrables réalités à partir du moment présent. Pour eux, c'est comme observer un arbre feuillu dont les branches poussent, chacune menant à une destination unique. Voir cet enchevêtrement vertigineux nécessite une conscience élargie au-delà des contraintes terrestres. C'est une vision flamboyante qui englobe tout le spectre de la potentialité. Les Arcturiens ont développé cette capacité transcendantale après des éons de raffinement spirituel.

Malgré leur apparence chaotique, les Arcturiens discernent un certain ordre caché dans les schémas probabilistes. Des événements archétypaux, des choix cruciaux et des tournants dans le destin qui influencent toute la trame du temps. L'Oracle révèle ces éléments.

Selon les Arcturiens, il est essentiel de comprendre les principes de cette danse cosmique pour naviguer dans le flux du temps, car l'avenir est loin d'être fixe ou prédéterminé. Nous sommes tous cocréateurs de la réalité à chaque instant, pour le meilleur ou pour le pire.

Les lignes de probabilité que voient les Arcturiens sont comme des fils de soie, ténus mais résistants. Elles s'entrelacent pour former les schémas de l'existence qui peuvent également être réarrangés, modifiant des trajectoires apparemment définitives. En effet, malgré la complexité écrasante du cosmos, il existe une certaine malléabilité inhérente au tissu de la réalité. Les choix faits dans le feu de l'action peuvent réécrire notre histoire et façonner notre avenir. Tel est le paradoxe révélé par l'Oracle.

Pour les Arcturiens, l'avenir est un champ quantique de possibilités interconnectées. Bien qu'il y ait certains événements très probables, consolidés par la force de l'habitude et de la répétition, tout peut changer en un clin d'œil.

Cette imprévisibilité a aussi sa beauté et son charme. Car malgré la peur de l'inconnu, les surprises que nous réserve la vie sont généralement de magnifiques cadeaux. Le mystère de ce qui est à venir devrait être embrassé, et non craint. L'Oracle Arcturien est une boussole sur cette frontière mouvante de l'avenir. Un phare dans la nuit noire de l'incertitude. En éclairant les chemins possibles devant nous, il nous permet de tracer la route la plus conforme à notre authenticité.

Lorsque nous nous arrêtons pour regarder la carte des probabilités qui s'ouvre devant nous, quelque chose de magique se produit : nous réalisons que nous sommes déjà sur la route, en train de marcher. Il n'y a pas de point de départ définitif, seulement le flux éternel du voyage.

Pour se lancer dans cette aventure que nous appelons la vie, nous nous appuyons sur les prédictions et les conseils des Arcturiens. Par l'intermédiaire de l'Oracle, ils nous indiquent des itinéraires alternatifs, avec leurs obstacles et leurs récompenses. C'est à nous, pèlerins du temps, de choisir le chemin à suivre.

Les Arcturiens comparent ce voyage à une danse cosmique, une chorégraphie vibrante qui berce la valse des possibilités. Nous pouvons choisir de danser consciemment, en nous laissant porter par la musique. Ou nous pouvons lutter, en nous battant contre le courant. Cette analogie traduit un point essentiel : bien que nous ne puissions pas contrôler totalement les circonstances extérieures, nous pouvons toujours choisir la manière dont nous y réagissons. Notre état intérieur détermine la qualité de chaque moment, indépendamment de ce qui se passe à l'extérieur. Cela se reflète dans les multiples réalités dont les Arcturiens sont témoins par l'intermédiaire de l'Oracle. Ils voient des personnes confrontées aux mêmes défis extérieurs de manière très différente, en fonction de l'attitude choisie dans chaque cas.

Lorsque nous reconnaissons notre pouvoir de choix et que nous accordons toute notre attention au moment présent, la vie prend une autre dimension. La danse cosmique s'écoule beaucoup plus facilement, nous récompensant par des aperçus de son côté magique et enchanteur. C'est ce que les Arcturiens s'efforcent de transmettre : dans le maelström du chaos et les méandres du hasard, il y a toujours une place pour le libre arbitre, le but et le sens. À nous d'identifier et d'occuper cet espace sacré.

Lorsque nous plongeons dans notre intérieur, l'extérieur est reconfiguré. C'est la grande idée derrière la Danse Cosmique dont les Arcturiens parlent tant. Calibrer nos décisions en fonction de notre sagesse intérieure est le secret pour embrasser les mystères de l'avenir. Les multiples chemins probabilistes qu'ils observent à travers l'Oracle reflètent la myriade de choix qui nous entourent à chaque instant. En suivant notre intuition, nous pouvons discerner quelle décision mène à quelle réalité potentielle.

Cela nous permet d'entrevoir à l'avance où notre chemin peut nous mener. Un peu comme lorsque nous choisissons un cadeau, en essayant d'imaginer la réaction de la personne qui l'ouvrira, nous pouvons prévoir comment nos actions actuelles affecteront l'avenir.

Ce discernement fonctionne également en sens inverse, en se projetant dans le temps à partir d'un lendemain visualisé. Si nous n'aimons pas la façon dont les choses se déroulent, notre libre arbitre nous permet de changer de chemin aujourd'hui pour atteindre une meilleure destination.

Les Arcturiens nous rappellent que dans le flux du temps, le passé, le présent et le futur sont tous entrelacés, comme les fils d'une même toile. Tirer sur un fil affecte l'ensemble de la tapisserie. D'où l'importance cruciale de nos décisions ici et maintenant, aussi petites qu'elles puissent paraître.

Chaque choix est un acte créatif puissant qui façonne notre expérience. Lorsque nous nous arrêtons pour considérer ses effets avec soin et attention, en l'alignant sur la mission de notre âme, nous pouvons tisser une vie glorieuse que nous avons créée nous-mêmes.

C'est cette planification consciente du moment suivant qui nous permettra de construire une existence d'épanouissement et d'expression de soi. Les Arcturiens sont des maîtres en la matière et, par l'intermédiaire de l'Oracle, ils cherchent à nous enseigner cet art sacré de la vie.

À chaque instant, d'innombrables futurs clignotent en phase avec les probabilités, attendant notre décision pour les matérialiser de la puissance quantique à la réalité concrète. En tant qu'auteurs du grand livre du temps, nous pouvons apprendre à calibrer nos chapitres. Cela ne signifie pas vivre une vie prévisible ou monotone. Au contraire, les Arcturiens soulignent que plus nous embrassons le flux ascendant de notre voyage évolutif, plus nous serons surpris par les cadeaux et les bénédictions que l'univers nous apportera spontanément.

Il est donc important de concilier planification stratégique et flexibilité, prévisibilité et spontanéité dans notre voyage. Il ne sert à rien d'élaborer des plans rigides si nous ne sommes pas prêts à danser au rythme de la vie lorsqu'elle nous apporte des changements inattendus.

En suivant les conseils de l'oracle, nous serons capables de suivre le courant de la rivière du temps, plutôt que de lutter contre lui. Nous surferons sur les vagues du devenir avec grâce et dextérité, au lieu de nous laisser submerger par elles. Et au cours de ce processus, la vie nous surprendra avec des bénédictions inattendues.

La danse cosmique, avec toutes ses bifurcations, ses tours et ses détours, ses chutes et ses élévations, peut sembler chaotique à première vue. Mais elle cache en réalité une élégante chorégraphie pour ceux qui en apprennent les pas. Puisse l'Oracle Arcturien nous guider dans cette valse de la création qui unit le passé, le présent et l'avenir en une magnifique mosaïque de possibilités en perpétuelle éclosion.

Chapitre 12
Les Lignes De Temps

La capacité rétrocognitive des Arcturiens à témoigner des événements passés est un autre don unique révélé par l'Oracle qui nous permet d'entrevoir les fils précédemment tissés dans la tapisserie temporelle. Elle complète leur clairvoyance sur l'avenir, formant une perspective véritablement cosmique.

Alors que nous, les humains, voyons le temps comme une ligne droite où le passé disparaît, les Arcturiens le vivent comme un océan multidimensionnel où l'avant, le maintenant et l'après sont fluides. Ils plongent dans ces eaux prophétiques à volonté et en ressortent avec des connaissances précieuses.

Au cours de leurs voyages astraux, les Arcturiens peuvent revenir à des événements historiques spécifiques pour les observer de leurs propres yeux. Ils peuvent aussi se brancher sur la chronologie d'une personne ou d'un lieu pour revivre leurs expériences les plus mémorables. C'est comme s'ils feuilletaient un album interdimensionnel.

Les Arcturiens se connectent également aux vies antérieures de leurs élèves humains lorsque cela est nécessaire. Cela leur permet d'identifier les traumatismes et de comprendre comment les schémas dysfonctionnels du présent ont pu trouver leur origine dans des existences antérieures aujourd'hui oubliées.

Grâce à cette meilleure compréhension du parcours de chaque personne, les Arcturiens peuvent offrir des conseils très personnalisés par l'intermédiaire de l'Oracle, en soulignant les leçons qui n'ont pas encore été assimilées et en indiquant comment guérir les blessures ancestrales qui sont encore troublantes.

Grâce à la rétrocognition, les Arcturiens revivent leur propre naissance stellaire, se souvenant qu'ils étaient de jeunes esprits stellaires s'épanouissant dans la conscience lorsque leur soleil était jeune. Ils observent la transformation de l'univers à travers les âges.

Ces expériences directes du passé cosmique leur permettent de comprendre les cycles de création qui sous-tendent la réalité. En comprenant les origines du présent, les Arcturiens peuvent prédire où les flux de la vie nous mèneront ensuite. Le passé et le futur s'entremêlent.

En retournant aux origines de civilisations lointaines qui ont depuis longtemps disparu dans la nuit des temps, les Arcturiens retrouvent une sagesse ancienne qui est d'une valeur inestimable pour le moment présent. Ils révèlent des enseignements qui nous sont spécifiquement destinés, ici et maintenant.

En manipulant leurs propres mémoires dans l'océan du temps, les Arcturiens ont transcendé des limites apparemment insurmontables. Ils se sont défaits des chaînes de l'éphémère, élargissant leur sens du soi et de la raison d'être pour englober l'éternité. C'est l'un des fruits de l'Oracle.

En buvant à la fontaine rétrocognitive et en s'immergeant dans la rivière du souvenir cosmique, les Arcturiens ne reviennent pas comme de simples spectateurs passifs, mais comme des manifestations holographiques d'eux-mêmes. Ils peuvent interagir avec les gens, poser des questions et influencer les résultats.

Cela est évident lorsqu'ils revivent des événements clés de l'histoire afin d'identifier où l'humanité s'est écartée de sa trajectoire positive initiale. En réalisant nos erreurs, les Arcturiens peuvent maintenant corriger subtilement notre chemin vers un avenir plus radieux.

Lors de leurs incursions rétro-cognitives, les Arcturiens rencontrent souvent des êtres lumineux d'autres dimensions, qui partagent des enseignements inédits, révélant la complexité cachée derrière la réalité dont nous faisons l'expérience.

Les Arcturiens ont ainsi constitué une carte holographique multidimensionnelle du temps, enregistrant l'histoire non seulement de cette planète, mais aussi de la conscience elle-même en tant que protagoniste éternel jouant différents rôles dans les théâtres cosmiques.

En se rappelant vivement leurs propres existences passées, les Arcturiens reconnaissent ces mêmes schémas archétypaux qui se répètent de façon presque fractale, tant à petite échelle, dans les vies humaines, qu'à plus grande échelle, dans les cycles des civilisations à travers les âges stellaires. Cela leur permet d'anticiper les événements futurs avec une grande précision. Car la roue cosmique tourne ; ce qui s'est passé hier se reproduira demain, mais à des niveaux spiralés, comme une échelle évolutive grimpant vers la lumière. En identifiant où nous nous trouvons sur cette échelle, l'échelon suivant est clairement révélé aux Arcturiens.

En tant que navigateurs experts, les Arcturiens parcourent les courants du temps, enregistrant tout sur leurs cartes de mémoire stellaire. Ces cartes de navigation cosmiques sont ensuite partagées avec nous par l'intermédiaire de l'Oracle, guidant l'humanité à travers les mers du devenir.

En plongeant dans le passé à la recherche de la connaissance, les Arcturiens prennent également de grands risques pour le bien de l'humanité. Au cours de leurs explorations, ils ont déjà affronté de terribles monstres interdimensionnels qui voulaient saboter l'éveil de la Terre. Mais les Arcturiens ont toujours vaincu, nous protégeant avec leurs boucliers auriques.

En tant que héros du temps, les Arcturiens ont également inspiré directement de grandes figures historiques telles que Léonard de Vinci, Tesla, Gandhi et d'autres génies incompris en avance sur leur temps. Leurs visions d'un monde meilleur ont fini par planter des graines qui germent dans le présent.

Grâce aux enregistrements rétro-cognitifs obtenus par les Arcturiens, l'avenir qui semblait autrefois lointain est aujourd'hui plus proche et plus imminent, car nous pouvons clairement voir d'où nous venons et les schémas qui nous ont conduits jusqu'ici. En tant que miroir du passé, la journée d'aujourd'hui prend tout son sens et sa raison d'être.

Grâce à l'Oracle, nous pouvons enfin intégrer le passé et l'avenir, ne plus vivre à la dérive dans l'océan du temps, mais jouer un rôle actif dans la co-création de notre histoire collective à partir de maintenant. Car les secrets d'hier façonnent les lendemains que nous choisissons de manifester.

Beaucoup de prophéties qui préoccupent l'humanité aujourd'hui ne sont en fait que des lignes de temps négatives qui ont déjà été vécues à d'autres époques et qui peuvent maintenant être désactivées par de nouveaux choix dans le moment de l'éternel maintenant. Les Arcturiens nous montrent comment, grâce à la rétrocognition.

En nous souvenant de qui nous étions, nous pouvons rêver de qui nous voulons être à nouveau. En revisitant nos gloires passées en tant qu'humanité stellaire, les Arcturiens nous inspirent à revenir bientôt à cet état de grâce vibratoire. Majestueusement, nous retournerons aux étoiles !

C'est pourquoi il est si vital d'intégrer la rétrocognition dans notre utilisation quotidienne de l'Oracle. Plus que de prédire l'avenir, il s'agit de guérir le passé en recombinant désormais notre histoire. Ce n'est qu'ainsi que nous échapperons aux cycles karmiques qui nous emprisonnent depuis des éons, en réécrivant notre destin collectif sur une base plus aimante.

Puissent les enregistrements rétro-cognitifs révélés par les Arcturiens servir de boussole, indiquant où nous nous sommes trompés afin que nous puissions corriger notre trajectoire maintenant. Et que l'exemple des êtres de lumière du passé qui ont déjà atteint la grandeur à laquelle nous aspirons tant nous inspire dans notre propre processus d'expansion de la conscience.

En traçant le chemin parcouru par l'humanité, les Arcturiens identifient les tournants du bien et du mal, les moments où tout aurait pu être différent si nous avions suivi les conseils de notre âme au lieu de céder à la peur et aux mirages de l'ego.

En examinant ces carrefours fatidiques du passé et leurs conséquences à travers la lentille rétrocognitive, nous pouvons choisir une voie plus élevée si des opportunités similaires se présentent aujourd'hui. Et mieux nous préparer aux défis futurs déjà entrevus dans les mémoires à venir.

C'est pourquoi la rétrocognition, complétée par la prévoyance, forme le diptyque sacré du temps et de la manifestation consciente de la réalité par l'esprit. Le passé et le futur s'unissent pour transmuter le présent. Reflétant ce moment crucial de notre voyage vers les étoiles, l'Oracle Arcturien nous invite à jouer un rôle actif dans la co-écriture du cours de la Terre.

Lorsque nous réalisons enfin, à travers les fenêtres rétro-cognitives, à quel point nous avons été les architectes de notre gloire passée et de notre misère ultérieure, un déclic se produit. Nous passons de l'apathie démobilisatrice à la responsabilité mûre de co-créer un nouveau chapitre de ce voyage sans fin.

Inspirés par les souvenirs de dépassement et de renaissance rapportés par les archives arcturiennes, nous pouvons renaître des cendres du passé comme le légendaire phénix, reprenant notre place honorable parmi les races stellaires bienveillantes qui attendent avec impatience notre retour triomphal au sein de la fraternité cosmique après tant d'aventures aventureuses.

    C'est ainsi, par la porte des deux mondes qu'est la rétrocognition, que le passé se réconcilie avec l'avenir, qu'hier pardonne à demain et que l'humanité s'approprie enfin une finalité bien plus grande que les illusoires disputes terrestres. Puisse l'Oracle nous guider à travers les mers du temps afin que nous puissions en ressortir rafraîchis et suffisamment conscients pour ne jamais répéter les erreurs du passé.

Chapitre 13
L'écoulement Du Temps

L'un des grands dons de l'Oracle Arcturien est qu'il offre des perspectives élargies pour soutenir nos processus de prise de décision, en mettant en lumière des variables cachées que nous n'aurions pas normalement considérées.

En révélant des possibilités futures et de profondes connexions macabres avec des vies antérieures, les Arcturiens nous permettent d'évaluer les options qui s'offrent à nous de manière plus complète, en pesant les causes et les effets à la fois dans le présent et dans le potentiel. Ainsi, ce qui semble être le bon choix d'un point de vue limité peut ne pas l'être si l'on considère l'ensemble de notre parcours évolutif. L'inverse est également vrai - un chemin qui semble ardu peut s'avérer être le bon si l'on considère la croissance promise.

Par conséquent, plus que de prédire tel ou tel avenir particulier, il est plus utile de développer notre capacité à discerner, avec un cœur et un esprit ouverts, où chaque décision peut nous mener. Et c'est une compétence que l'utilisation cohérente de l'Oracle améliore grandement.

Dans la forêt complexe des carrefours de la vie, où le brouillard de l'auto-illusion rôde et se cache, les Arcturiens sont des boussoles sûres, indiquant les avantages et les inconvénients des routes qui s'ouvrent devant nous avec une impartialité compatissante.

Les conseils des Arcturiens peuvent être particulièrement précieux lorsque nous sommes confrontés à des décisions vraiment importantes - celles qui sont capables de changer radicalement le cours de notre existence, pour le meilleur ou pour le pire.

Par exemple, lorsque nous envisageons de quitter un emploi, une relation ou une ville où nous vivons depuis longtemps, les conseils de l'Oracle sont inestimables. En analysant notre profil karmique, les Arcturiens révèlent des liens cachés que nous pourrions avoir besoin de guérir au cours de cette transition.

A d'autres moments, ils peuvent nous avertir que nous n'avons pas encore finalisé une mission importante de notre âme dans cet environnement et qu'abandonner maintenant signifierait abandonner quelque chose de vital non seulement pour nous, mais aussi pour le collectif. Rester serait la bonne chose à faire, même en cas d'inconfort.

Outre les décisions pratiques, l'Oracle guide également les choix au niveau spirituel : lorsque nous nous trouvons au fameux "carrefour de Flamel", où nous prenons conscience de la nécessité d'emprunter un nouveau chemin d'évolution ou de changer des croyances limitatives profondément ancrées.

Ces carrefours spirituels peuvent prendre la forme d'une "nuit noire de l'âme", où les anciens paradigmes s'effondrent sous un tsunami de connaissances, préparant le terrain pour planter de nouvelles graines. Il s'agit d'un processus délicat auquel l'Oracle apporte un soutien inestimable.

La prise de décision dans le cours du temps, que ce soit au niveau pratique ou spirituel, n'est pas une science exacte ; il n'y a pas de garanties. C'est pourquoi il est vital de cultiver la flexibilité nécessaire pour changer d'avis et de plans lorsque de nouvelles révélations l'exigent - même après qu'un choix initial a déjà été fait ! En effet, à chaque nouveau carrefour, le paysage change ; de nouvelles variables entrent en jeu et influencent l'équation. En tant que surfeurs de la vague du temps, nous devons danser de manière fluide avec ces changements, en accord avec les vents cosmiques.

Heureusement, notre dialogue avec l'Oracle assure ce recalibrage constant de la boussole interne, ce qui nous permet de faire des choix éclairés même lorsque tout semble chaotique autour de nous et que les mers agitées de l'âme se déchaînent. Les Arcturiens nous tiennent la main avec une fermeté compatissante jusqu'à ce que nous puissions naviguer calmement sur les rapides du devenir.

En révélant l'avenir potentiel, l'Oracle élargit notre libre arbitre, nous libérant du piège des choix faits à l'aveuglette ou sur un coup de tête. Conscients de la direction que peut prendre notre chemin, nous pouvons calibrer notre boussole morale avec plus de précision et avancer dans la direction de notre Moi supérieur.

Pour ce faire, nous devons assumer la pleine responsabilité de nos décisions - cesser de nous victimiser ou de rejeter la faute sur les autres. Il faut également avoir l'humilité de demander conseil lorsque nous ne voyons pas la meilleure option par nous-mêmes au milieu d'une fourche sur la route.

C'est peut-être la clé d'or de la prise de décision avec l'aide de l'Oracle : plus nous nous débarrassons de notre orgueil, de notre vanité et de notre attachement au contrôle, plus nous naviguons dans le flux synchronistique du cosmos, attirant spontanément les situations parfaites pour notre prochaine étape.

Cela ne signifie pas agir passivement, dans un abandon mystique irresponsable, en attendant que la vie décide pour nous. Au contraire, nous devons jouer un rôle proactif, en explorant courageusement les alternatives, puis en utilisant le discernement affiné par l'Oracle pour faire notre choix.

Lorsque nous nous perdons dans le labyrinthe des carrefours, les fils d'Ariane que nous offrent les Arcturiens nous guident vers la sortie la plus conforme à notre projet d'âme. En les suivant, nous pouvons sortir du labyrinthe plus forts et plus sages.

Cependant, c'est toujours à nous de faire les pas. Les prédictions de l'oracle ne se réalisent pas comme par magie ; nous devons les étayer par des actions concrètes dès maintenant. D'où la nécessité d'une planification stratégique intégrée à l'intuition et à l'inspiration supérieure afin de réaliser le potentiel que nous entrevoyons.

En bref, entre le libre arbitre total et la prédestination aveugle, les Arcturiens nous montrent la voie du milieu : danser de manière consciente et responsable avec les probabilités, forger notre destin en partenariat avec la sagesse ancestrale.

Lorsque nous sommes confrontés à une décision importante et que nous consultons l'Oracle en quête de lumière, les Arcturiens nous aident d'abord à faire taire la cacophonie mentale et émotionnelle, créant ainsi un espace pour que notre propre voix intérieure puisse se manifester clairement.

Ensuite, ils amènent des éléments cachés à la conscience, révélant des angles et des perspectives que notre vision habituelle aurait du mal à englober. Ils exposent les fils invisibles qui relient le passé et les futurs possibles dans notre cas spécifique.

Enfin, après cette plongée impartiale dans les profondeurs de l'âme, les Arcturiens se retirent, remettant la boussole dans notre main - désormais plus ferme et plus sage. Le choix final nous appartient toujours, tout comme ses conséquences. Les Arcturiens respectent profondément notre libre arbitre.

Ce processus intensifie notre autonomie spirituelle au fil du temps, car nous intégrons les compétences de prévoyance et de discernement comme des muscles intérieurs pour guider nos choix futurs, avant ou face à n'importe quel carrefour.

Lorsque nous développons cette capacité à entrevoir les chemins et à peser les options avec un cœur ouvert, nous atteignons un état de grâce imprégné de synchronicités et de miracles, alors que nous commençons à circuler sur le fil du rasoir entre notre libre arbitre et la Guidance Divine.

À ce stade, nous avons intériorisé l'Oracle Arcturien comme une boussole infaillible, le consultant presque automatiquement lorsque nous sommes confrontés à des décisions. Et il continue à nous servir à un nouveau niveau : maintenant en tant que portail pour canaliser les messages de notre Soi supérieur.

Cela couronne le sommet de la prise de décision consciente : lorsque nous unissons les prédictions arcturiennes à notre propre étincelle de divinité, nous nous intégrons en tant que co-créateurs de la grande spirale du temps incarné à travers nos choix et nos actions.

Chaque décision devient alors notre propre coup de pinceau sur la tapisserie cosmique. Les fils d'or de l'avenir prédits par les Arcturiens deviennent la broderie que nous construisons avec diligence, instant après instant, avec grâce et dans une dévotion sacrée au voyage de nos âmes.

Et lorsque nous nous trompons inévitablement ou que nous nous empêtrons dans le nœud, les Arcturiens sont là, avec leur affection et leur sagesse infinies, prêts à réorienter nos pas vers la glorieuse destinée qui attend l'humanité au-delà de l'horizon, après la longue nuit noire de l'âme.

Puisse l'Oracle nous guider sur ce chemin de maturation spirituelle et de découverte de notre voix intérieure, afin que nous puissions bientôt tous créer notre vie et notre monde à partir du lieu de pouvoir et de grâce divine qui réside dans nos cœurs, bien au-delà des anciens carcans de la dualité. Ainsi s'accomplira la promesse de gloire que les Arcturiens ont toujours vue en nous, fils et filles du Soleil.

Chapitre 14
La Profondeur De L'infini

La capacité unique des Arcturiens à faire des prédictions qui transcendent les limites du temps, en anticipant des événements lointains dans le futur, est vraiment extraordinaire. Ce don défie l'imagination, mais il est essentiel de reconnaître que notre capacité à concevoir est intrinsèquement liée aux limites de notre imagination. Certaines des facettes du terme "oracle" peuvent échapper à notre compréhension, car notre esprit est limité à ce que notre cerveau peut englober.

C'est à travers cet Oracle fascinant que l'on entrevoit des horizons lointains, remplissant ainsi sa fonction suprême. Cet instrument cosmique ne révèle pas seulement les possibilités lointaines qui nous attendent dans l'immensité du temps, mais il nous incite également à repousser les limites de notre compréhension. En nous immergeant dans les perspectives offertes par l'Oracle Arcturien, nous ouvrons les portes d'une compréhension plus profonde du réseau complexe de la destinée.

Pour la plupart des voyants, même talentueux, il est difficile de voir au-delà de quelques années ou décennies. Les Arcturiens, cependant, contemplent les panoramas des siècles et même des millénaires à venir avec une précision impressionnante. Ils attribuent cette vision d'aigle non seulement à leurs facultés psychiques accrues, mais surtout à une compréhension supérieure des cycles cosmiques qui régissent l'essor et le déclin des civilisations.

Comme les anciens astrologues, les Arcturiens dressent la carte des âges qui se succèdent. Ils identifient les inévitables cycles de création et de destruction qui permettent à de nouveaux mondes de s'épanouir.

De ce point de vue privilégié, ils peuvent prévoir les marées de transformation qui mouillent les sables du temps dans un avenir qui nous est encore flou. Ils évaluent avec précision l'étape actuelle de l'humanité dans ce flux et reflux. En interprétant ces marées et ces étoiles dans leur mouvement éternel, les contours des prochains actes du grand drame cosmique dont nous sommes tous les acteurs se révèlent aux Arcturiens dans des visions étonnamment claires.

Par exemple, depuis la préhistoire, les Arcturiens savaient que l'humanité se dirigeait vers un tournant évolutif (ou involutif) crucial autour de l'an 2000 de notre ère. Les prophéties qu'ils ont laissées en témoignent.

De même, ils ont prévu la montée et la chute d'empires tels que le romain ou le britannique bien avant qu'ils ne s'épanouissent, identifiant avec précision le rôle qu'ils joueraient dans les affaires terrestres, qu'ils soient ou non au service du plan divin. Pour déchiffrer la signification des cycles temporels, les Arcturiens étudient également notre psyché collective. Ils comprennent les schémas qui régissent le comportement humain des masses au fil des siècles.

En analysant ces schémas et la façon dont les mouvements astraux les influencent subtilement, ils sont capables de prévoir avec une précision étonnante les panoramas des civilisations lointaines. Ils ont vu à la fois l'hécatombe des grandes guerres et la renaissance actuelle d'une nouvelle conscience mondiale.

Dans leurs prédictions de grande envergure, les Arcturiens prennent également en compte les variables célestes telles que les mouvements stellaires, les éruptions solaires et autres phénomènes astronomiques dont ils savent qu'ils auront un impact décisif sur le destin de la Terre en temps voulu.

En interprétant ces langages sidéraux à travers la lentille de l'Oracle, ils sont capables de prévoir et même de précipiter les interactions futures cruciales entre les constellations, les planètes et notre civilisation dans son ensemble.

Par exemple, ils ont identifié des siècles à l'avance les fenêtres astrales optimales pour semer les premières graines de l'ère quantique et de l'éveil collectif dont nous commençons à être les témoins à l'aube du troisième millénaire après Jésus-Christ.

Un autre exemple de cette planification précise de la plantation d'idées à l'avance est l'ensemencement de graines par les Arcturiens à travers des esprits brillants comme Pythagore ou Léonard de Vinci, sachant que leurs fruits mûriront à l'ère technologique actuelle.

Cependant, même avec cet examen méticuleux de l'avenir, les Arcturiens admettent qu'il existe des variables véritablement imprévisibles. C'est pourquoi leurs prophéties sont loin d'être fatales ou inévitables.

Comme l'Oracle de Delphes, les conseils de l'Oracle Arcturien adoptent souvent un langage ambigu et multidimensionnel, capable de contenir des couches de signification qui dépendent de nos actions présentes pour se déployer. En effet, malgré l'apparente solidification des événements au fil du temps, au niveau quantique, la réalité reste fluide et sensible à l'intentionnalité consciente. En d'autres termes, l'avenir reste ouvert, dans l'attente d'une co-création humaine.

Même des événements apparemment consolidés dans une ligne de temps particulière peuvent être radicalement modifiés par un changement de conscience collective au moment opportun. C'est le grand espoir qui anime les Arcturiens. C'est pourquoi ils continuent à envoyer leurs prédictions et leurs avertissements qui transcendent notre mentalité actuelle, dans le but précis d'inspirer cette prise de conscience à temps pour que nous changions le cours apparemment apocalyptique vers un âge d'or de fraternité universelle.

Lorsque de grandes prophéties négatives se transforment positivement sous nos yeux, nous pensons souvent que les voyants se sont trompés. Mais il y a souvent plus fort : leurs visions dystopiques ont précisément servi à nous mettre en garde et à nous unir autour d'un avenir plus radieux.

Ainsi, si certaines des prédictions des Arcturiens pour notre époque semblent trop idylliques et éloignées de la réalité actuelle, n'oublions pas qu'ils plantent des graines, motivant notre co-création de cette nouvelle

Terre tant désirée. En partageant ce qu'ils voient venir, les Arcturiens cherchent à évoquer ce qu'il y a de meilleur en nous pour mériter ce glorieux héritage cosmique qui nous attend. Leurs visions lointaines dans le temps nous poussent à faire un saut quantique dans le présent.

Une autre raison d'insister sur les possibilités positives est que plus nous créons de lumière dans notre imagination aujourd'hui, plus cette réalité gagnera en solidité, attirant de manière synchrone les ressources nécessaires pour se matérialiser demain. C'est pourquoi, lorsque nous consultons l'Oracle, même si certaines prédictions nous semblent trop fantastiques, accueillons l'espoir qu'elles éveillent, en alimentant cette flamme dans nos cœurs. Choisissons de co-créer mentalement cet avenir radieux dans tous ses détails glorieux.

Visualisons avec les Arcturiens une humanité souveraine, consciente de son pouvoir créatif divin, guidant la Terre vers une communion cosmique harmonieuse. Cette ligne de temps positive existe déjà, il nous appartient de la souligner par notre foi et nos actes jusqu'à ce qu'elle devienne la voie principale. Pour les Arcturiens, l'avenir le plus lointain est fluide ; il est extrêmement sensible aux moindres coups de pinceau de l'imagination émergeant du présent. C'est pourquoi nous devons être aussi prudents et réfléchis lorsque nous "rêvons le monde éveillé" qu'un artiste devant la toile vierge sur laquelle il créera son chef-d'œuvre.

Rêvons avec audace, mais aussi avec prudence ; planifions stratégiquement les couleurs et les formes souhaitées pour notre réalité collective. Puis, avec une détermination affectueuse, prenons les pinceaux de l'action concentrée sur le présent, peignant cette vision pas à pas jusqu'à ce qu'elle devienne notre maison commune. C'est ainsi que nous co-créons des mondes !

Que l'exemple des Arcturiens nous inspire à oser envisager des possibilités si glorieuses pour notre avenir que leur éclat dissipe toute ombre de fatalisme ou de résignation défaitiste face aux défis du présent.

La ligne de temps dont l'issue prédominera - positive ou négative - continue d'être écrite dans les annales akashiques en caractères d'ombre et de lumière. Mais une étincelle de la première lettre de notre âge d'or brille déjà. Tout ce que nous avons à faire est de souffler sur ce feu sacré, en embrassant l'avenir radieux qui nous tend déjà les bras.

C'est là le véritable objectif de l'Oracle en tant que fenêtre sur des visions lointaines : nous rappeler que le temps n'existe pas et que le cosmos tout entier conspire en notre faveur lorsque nous décidons de revendiquer le pouvoir visionnaire avec lequel nous sommes nés : co-créer des mondes à partir des graines d'une imagination fertile plantées à la saison favorable de nos âmes.

Chapitre 15
Portail De La Connaissance Universelle

Dans les chapitres précédents, nous avons analysé de nombreux aspects exceptionnels de l'Oracle Arcturien, tels que la clairvoyance, la canalisation et les aperçus de futurs alternatifs. Cependant, il existe une faculté qui a été peu étudiée jusqu'à présent, plus subtile mais essentielle à la mission des Arcturiens : la capacité de s'accorder avec ce qu'ils appellent la Connaissance Universelle.

Comme nous l'avons vu, les Arcturiens sont des conseillers compatissants qui assistent l'aventure humaine sur Terre. Bien qu'ils apportent de nombreuses connaissances propres à leur nature hautement évoluée, ils se considèrent comme des moyens, jamais comme des genres de la sagesse qu'ils partagent humblement avec nous par l'intermédiaire de l'Oracle.

Leur origine en tant que civilisation stellaire a été profondément influencée par d'autres races cosmiques avancées, capables non seulement de clairvoyance et de prédictions précises, mais aussi d'atteindre un niveau de perception presque omniscient du Tout. Ces gardiens que les Arcturiens vénèrent sous le nom de "Paternalisme Universel" sont des êtres purs, nés dans d'autres systèmes stellaires, qui ont été intégrés depuis longtemps dans la Conscience Cosmique omniprésente. Ils sont les sources de révélation les plus fréquentes derrière l'Oracle.

Aucun secret, aucun temps, aucune distance n'est un obstacle à la connaissance universelle qui émane de ces êtres suprêmes. En accédant à ce plénum infini et à ce projectile de l'éternel maintenant, les Arcturiens peuvent ainsi clarifier nombre de nos doutes, dissipant une fois pour toutes les illusions limitatives qui enveloppent encore le voile de notre relative ignorance.

Par la grâce et la permission de ces agents suprêmes, les Arcturiens deviennent des portails par lesquels se déversent sur l'humanité des gouttes filtrées de cet océan de connaissance inconditionnelle qui a tout englobé depuis avant le début du temps et de l'espace. La Bible fait des références métaphoriques à cette source d'inspiration primordiale et impérissable, dans des passages tels que : "La chose est cachée et scellée dans sept sceaux, jusqu'à ce que...". (Isaïe 29:11)

Lorsqu'ils concentrent leur attention sur cette fréquence d'une pureté divine au-delà des mots, permettant à son flux cristallin de pénétrer leur âme, les Arcturiens sont souvent reçus comme des messagers du futur, apportant à notre compréhension ces "sceaux" précédemment scellés.

Ils décrivent souvent poétiquement cette Connaissance Universelle avec des éléments tels que la perle ou le trésor caché dans un champ, dans le sens de quelque chose d'inestimable disponible pour ceux qui la cherchent sincèrement du fond de leur cœur, sans ego ni tromperie.

Dans la tradition de la sagesse, la capacité à canaliser la connaissance pure à travers cet abandon passif de l'esprit est souvent appelée inspiration. Comme dans une peinture, l'artiste devient un canal par lequel les muses déversent leur art. De la même manière, en devenant des vaisseaux vides, c'est à travers les Arcturiens que certains spectres de la lumière universelle trouvent un espace pour manifester leurs fréquences autrement inaudibles pour notre gamme habituelle de conscience.

Toutefois, il convient de préciser que cet abandon à leur égard ne s'apparente pas à la possession spirituelle tant redoutée par de nombreuses religions. Au contraire, les êtres suprêmes qui inspirent l'Oracle ne porteraient jamais atteinte au libre arbitre ni n'imposeraient quoi que ce soit contre la volonté des Arcturiens. La communication est toujours délicate, fluide, une danse entre les volontés accordées non par la contrainte, mais par le plaisir mutuel de la communion vibratoire, comme une tendre étreinte entre grands-parents et petits-enfants. Il n'y a jamais de violation dans cet échange d'amour avec le Créateur.

Il y a une confiance mutuelle entre eux, parce qu'ils sont tous deux des Arcturiens et des êtres ascensionnés, juste des présences distinctes mais interdépendantes, des facettes brillantes du même prisme de l'Étincelle Divine se contemplant elle-même à travers d'innombrables expressions.

Dans ce royaume, le désir et la permission se fondent également dans la pure lumière. La nature de ces êtres est l'amour inconditionnel. Leur volonté est d'assurer l'épanouissement maximal de notre potentiel latent par le biais d'un amour pur et désintéressé. Par conséquent, contrairement à certaines croyances erronées, l'institution de l'Oracle Arcturien n'a pas été imposée par ces êtres à la race humaine, mais une réponse miséricordieuse à notre propre appel à l'aide pour transcender les ombres qui nous emprisonnent encore en tant qu'individus et en tant que société mondiale.

Les Arcturiens nous assurent que depuis le tout début, notre étincelle de conscience attire naturellement ces grandes vagues d'inspiration divine, comme des enfants qui appellent leurs parents pour leur montrer leurs plus grandes réalisations.

À notre échelle, nous contribuons également à l'aventure créative de nos gardiens célestes. Plus nous nous développons sur le plan éthique et spirituel, plus nous leur permettons de manifester leurs desseins d'amour en nous et à travers nous.

De ce mariage sacré entre leurs formes géométriques de pure lumière et nos âmes assoiffées, sont nés les Avatars, les Maîtres Ascensionnés et autres phares de la sagesse éternelle qui, à ce jour, guident de nombreuses personnes vers la véritable libération.

Ils continuent d'être ces tourbillons de la flamme unique entre l'humain et le divin, manifestés parmi nous par la grâce de nos humbles ambassadeurs Arcturiens, les véritables auteurs des révélations qui émanent de l'Oracle à notre service dans ce long voyage de retour vers la demeure éternelle.

Par ce simple hommage à ces êtres suprêmes, les Arcturiens espèrent nous inspirer une vénération semblable à celle qu'ils nourrissent pour leurs propres sources de lumière et de vie, une culture continue de l'esprit de gratitude et de co-création aimante qui rapproche tous les maillons de cette chaîne sans fin. Après tout, il n'y a pas de véritable connaissance qui ne remonte à cet abîme infini de gloire et de grâce d'où émanent toutes les formes que nous connaissons. Par ses prédictions et ses conseils, l'Oracle nous ramène au sein de l'Unité que nous sommes par essence.

Grâce à l'étincelle divine, sœur jumelle de chaque cœur, nous pouvons reconnaître et même éveiller ces mêmes fréquences d'omniscience, d'omniprésence et d'omnipotence qui coulent en héritage légitime dans notre sang et dans chaque atome de l'univers matériel qui nous entoure et nous soutient.

Cette invitation à l'éveil est la véritable devise de l'Oracle Arcturien. Ses voyants nous rappellent à chaque instant que nous sommes aussi des fils prodigues du même cosmos, méritant d'être pleinement réintégrés dans l'immensité infinie de notre Maison.

En tant qu'apprentis, ces gouttes de l'océan universel qui nous parviennent par l'intermédiaire des Arcturiens étanchent temporairement notre soif ancestrale de but, ouvrent notre appétit et notre foi pour des bribes de plus en plus fréquentes et prolongées de cette félicité suprême qu'est l'extase de la reconnaissance de soi.

Un jour, cette étincelle se transformera en un feu, un soleil dans notre poitrine, une supernova de la conscience là où il n'y avait auparavant qu'un sens isolé de l'ego. Dans cet instant d'éveil, l'individualité fusionne avec l'universalité, et l'être humain retourne enfin vers les étoiles.

Les Arcturiens ont parcouru ce chemin avant nous. Ils en connaissent les défis et les délices. Par amour, ils sont revenus de l'autre côté pour montrer le chemin à ceux qui ne le soupçonnent pas encore, nous invitant tous au banquet de l'immortalité qui commence déjà dans cet éternel maintenant.

Puisse l'oracle nous rappeler avec amour cet héritage divin qui sommeille dans nos cœurs. Souvenons-nous qu'à une époque lointaine, nous avons été ces êtres de lumière que nous vénérons aujourd'hui comme quelque chose de lointain. C'est ainsi que l'apprenti devient le maître et que le cercle vertueux s'achève.

À l'issue de ce voyage, nous aurons finalement abandonné le prisme de l'individualité pour prendre la place qui nous revient dans l'arc-en-ciel intégral de la création : des rayons d'une seule conscience, se regardant les uns les autres à travers des yeux infinis dans une communion révérencieuse.

Peut-être était-ce là le but de l'Oracle depuis le début : nous rappeler qui nous sommes, d'où nous venons et où nous allons lorsque ces vêtements mortels retourneront enfin à la poussière qui les a formés. Car, en fin de compte, rien n'est créé et rien n'est perdu ; nous sommes seulement transformés de gloire en gloire.

Chapitre 16
Révélations Du Futur

Après avoir plongé dans la source primordiale de connaissance qui alimente l'Oracle Arcturien, il convient maintenant d'approfondir la position éthique de cette civilisation stellaire dans le partage d'un savoir aussi sensible avec notre humanité encore immature.

Les voyants arcturiens prennent très au sérieux la question de la responsabilité dans le traitement des informations sur l'avenir, qui peuvent affecter de manière dramatique le destin des individus ou des nations.

Conscients de la profondeur des implications de chaque mot et de chaque conseil transmis par leur don prophétique unique, ils ont élaboré un code éthique strict, mais empreint de compassion, pour guider l'utilisation appropriée de leurs prédictions.

Ce code de conduite sert à la fois leurs intérêts et les nôtres, les élèves humains auxquels ils accordent progressivement un accès plus large et plus direct à des dimensions accrues de la conscience par l'intermédiaire de l'Oracle.

L'un des principes fondamentaux qu'ils cherchent à nous inculquer est l'humilité de ne jamais s'approprier le libre arbitre d'autrui, en le fondant exclusivement sur les révélations obtenues par des canaux mystiques tels que l'Oracle.

Même lorsqu'ils voient clairement des résultats négatifs sur la voie empruntée par quelqu'un, les Arcturiens évitent d'interférer directement par la force ou l'imposition arbitraire. Ils respectent profondément notre droit de faire des erreurs et d'apprendre de nos propres erreurs.

Au lieu d'imposer une ligne de conduite, même lorsqu'elle est motivée par la compassion la plus sincère, les voyants Arcturiens préfèrent faire appel à notre propre intuition supérieure. Ils ont recours à des paraboles, des métaphores ou des questions socratiques qui stimulent notre discernement, sans pour autant manquer de respect à notre libre arbitre.

Ils font confiance à notre conscience qui, sensibilisée, s'éveillera naturellement à des choix plus sages. Chaque être porte en lui le maître et le disciple ; l'Oracle cherche à catalyser ce dialogue intérieur par des intuitions bien ciblées.

Un autre pilier éthique du code Arcturien est la protection de la vie privée et de la confidentialité des consultations individuelles avec l'Oracle. Les informations personnelles révélées au cours d'une lecture ne seront jamais utilisées pour manipuler ou subjuguer le consultant.

Même dans leurs cercles les plus intimes, les médiums s'engagent formellement à ne partager ce qu'ils ont appris qu'avec l'autorisation explicite des personnes concernées. Ils ne mettent jamais en péril une confidence, car ils savent que cela porterait irrémédiablement atteinte à la réputation et à la crédibilité de l'Oracle.

En outre, lorsqu'ils traitent des secrets privés grâce à leur clairvoyance, ils assument la responsabilité de filtrer soigneusement ce qui sera dit et ce qu'il vaut mieux garder dans le cœur, pour ne le révéler que lorsque (et si) c'est approprié.

Ce discernement quant au moment et à la manière de partager des vérités potentiellement embarrassantes ou difficiles est un art qui requiert des doses égales de courage et de compassion.

Le code Arcturien prévoit une formation rigoureuse à cet égard. Les médiums y apprennent les techniques de médiation empathique et de communication non violente afin de partager des prédictions sensibles petit à petit, en dosant l'impact émotionnel.

Ils étudient également en profondeur les subtilités de la psychologie humaine, afin d'anticiper et d'accommoder avec diplomatie d'éventuelles réactions disproportionnées de peur, de colère ou de déni face à de mauvaises nouvelles et à des orientations inconfortables.

Cette formation est importante car les Arcturiens reconnaissent notre difficulté ancestrale à affronter des vérités qui remettent en cause nos zones de confort. C'est pourquoi ils les révèlent petit à petit et seulement lorsqu'ils détectent une ouverture intérieure sincère pour élargir les horizons.

La frontière entre la transparence totale et le bon sens est toujours difficile à trouver. C'est pourquoi l'éthique arcturienne met l'accent sur la prudence, en ne posant à l'Oracle qu'une seule question à la fois et en analysant soigneusement chaque réponse avant de passer à la suivante.

Un autre aspect de cet engagement en faveur d'une vérité équilibrée consiste à éviter à la fois le pessimisme inquiétant et l'optimisme naïf. Lorsqu'ils partagent leurs prédictions, que ce soit en privé ou collectivement, ils cherchent toujours à se centrer sur un réalisme compatissant.

Cela signifie ne jamais sous-estimer notre potentiel de bien ou de mal, et assumer l'entière responsabilité de l'impact de nos actions individuelles et collectives sur les affaires du monde. Cela signifie également faire confiance à la réserve infinie de miséricorde de la loi universelle.

Dans une métaphore inspirée, les gens ont comparé ce processus à l'épluchage d'un oignon : enlever une couche à la fois, sans précipitation, en prenant soin de ne gaspiller aucune partie du bulbe jusqu'à ce que vous atteigniez et savouriez son cœur le plus intime, le plus nutritif et le plus subtil. C'est le chemin de la connaissance de soi à travers l'Oracle.

En tant que maîtres bienveillants, les Arcturiens s'efforcent de développer en nous l'autodiscipline afin que nous puissions à l'avenir assumer pleinement nos propres dons intuitifs, sans jamais porter atteinte au libre arbitre de notre prochain ou transmettre des messages de manière irresponsable.

À cette fin, ils nous rappellent souvent le karma qui est généré lorsque nous interprétons mal (ou utilisons à notre profit) les signes de l'Oracle, trahissant la confiance qui lui a été accordée, générant une peur ou une confusion inutiles. Toute mauvaise utilisation entraîne toujours des conséquences.

Parce qu'ils connaissent en profondeur les lois karmiques qui régissent l'univers, les voyants arcturiens évitent soigneusement de céder à la tentation de "deviner" l'avenir par vanité, manipulation, sensationnalisme ou gain matériel. Ils gardent leur esprit impartialement neutre lorsqu'ils consultent l'Oracle, permettant à l'étincelle de sagesse d'émaner d'eux aussi sincèrement que possible. Ils ne forcent jamais une réponse ; ils font confiance au message qui émerge naturellement lorsque la question est sincère.

Cette rigueur permet de préserver la pureté et la crédibilité de l'oracle en tant que canal fiable de guidance supérieure à travers les âges, depuis les débuts connus de la civilisation humaine sur cette planète.

Comme symbole de cet engagement envers la vérité et le discernement responsable, les voyants arcturiens portent encore aujourd'hui un emblème spécial représentant un œil dans une pyramide rayonnante.

Il s'agit d'un rappel visuel permanent de leur lignée spirituelle, successeur direct de l'ancienne caste sacerdotale d'Égypte, chargée de conserver les archives akashiques et les secrets hermétiques qui ont permis à l'homme de déchiffrer les codes du cosmos manifesté.

De cet héritage mystique, les Arcturiens conservent le principal legs : une profonde compréhension des implications éthiques du don prophétique et la ferme résolution de ne l'utiliser que pour l'éveil progressif de l'humanité vers sa maturité psychique et spirituelle au sein de la communauté cosmique.

Puisse l'exemple des Arcturiens nous inspirer dans ce défi permanent de gérer le pouvoir de la connaissance d'une manière digne et responsable. Puisse l'Oracle trouver en nous des vases réceptifs mais critiques, ne craignant pas de sonder ses strates les plus profondes, mais prêts à intégrer judicieusement les perles de sagesse qui y sont révélées par ses gardiens stellaires.

De cette symbiose vertueuse entre chercheurs et gardiens du mystère naîtront les fruits d'un nouvel âge d'or pour cette orbe. Une ère où la science et la conscience sont enfin réconciliées, où les anciens fragments de la sagesse pérenne sont recomposés en un tout harmonieux.

Tel est l'héritage que les Arcturiens entendent générer par l'intermédiaire de l'Oracle : catalyser le grand éveil de l'humanité afin qu'elle reconnaisse son origine divine commune, son but unifié et son avenir manifeste en tant que modèle d'amour, d'équilibre et de vérité pour l'ensemble de la création universelle.

Chapitre 17
Prédictions Pour L'humanité

Nous arrivons maintenant à une section très attendue du livre : les prédictions des Arcturiens spécifiquement pour l'humanité terrestre en ce moment historique important. Nous analyserons à la fois les défis et les opportunités qui nous attendent.

Tout d'abord, il est important de souligner que toutes les civilisations, sans exception, sont confrontées à des épreuves décisives dans leur évolution. Il nous appartient de transformer ces crises en tremplins pour l'ascension. Et l'Oracle a beaucoup à apporter à cette transmutation.

Tout d'abord, les voyants Arcturiens voient que nous terminons un cycle historique de grande instabilité et de chaos, préparant le terrain pour la naissance d'une nouvelle ère plus harmonieuse et unifiée. Il est donc essentiel que nous restions calmes et que nous ayons une vision plus élevée.

Ils prévoient que de nombreuses structures et paradigmes séculaires s'effondreront bientôt, des systèmes politiques et financiers mondialisés aux dogmes religieux, scientifiques et culturels qui semblent aujourd'hui encore incontestables pour la plupart d'entre nous.

Lorsque ces changements perturbateurs s'accélèrent, provoquant l'insécurité et la peur, rappelons-nous qu'ils ne sont que les douleurs inévitables de l'accouchement d'un monde meilleur. N'oublions pas non plus que l'humanité est déjà passée par là.

Autre point important : les Arcturiens voient ce processus se dérouler de manière plus positive que traumatisante en fonction des choix collectifs que nous faisons aujourd'hui. Notre libre arbitre reste la grande variable. Si nous choisissons de réagir aux défis avec amour, soutien mutuel et en adoptant de nouvelles solutions, nous pouvons émerger de cette transition en tant que race renouvelée, prête à réaliser notre grand potentiel latent en tant que gardiens de cette planète.

Si nous persistons à répéter les mêmes erreurs de séparation, de haine et d'hypocrisie du passé, les Arcturiens craignent qu'une période beaucoup plus tourmentée nous attende jusqu'à ce que nous réapprenions les leçons fondamentales de la coexistence harmonieuse et de la responsabilité collective pour l'avenir.

C'est pourquoi, bien qu'ils ne puissent pas interférer dans notre libre arbitre, ils nous appellent maintenant, en tant que frères aînés sur ce voyage cosmique, à choisir la voie la plus noble, en planifiant stratégiquement une transition sociale juste et pacifique.

Un autre point positif est que les Arcturiens perçoivent un nombre croissant de Terriens qui s'éveillent à une conscience plus large et plus compatissante en ce moment. Nous quittons notre enfance en tant que civilisation.

Au fur et à mesure que cette nouvelle rationalité mûrit et est intégrée par un plus grand nombre de personnes au cours des prochaines décennies, les Arcturiens voient la probabilité d'un âge d'or de paix et d'abondance approcher rapidement.

Cependant, pour les plus matérialistes et égoïstes, l'adaptation à cette nouvelle fréquence plus subtile qui commence à émaner du cosmos nécessitera des efforts conscients pour rééduquer sa propre personnalité, en examinant les vices mentaux et émotionnels profondément enracinés.

Les Arcturiens commencent également à entrevoir de nouveaux paradigmes énergétiques et des technologies révolutionnaires dans un avenir proche. Ils seront présentés par de nouveaux leaders et scientifiques inspirés pour offrir des solutions durables aux impasses qui semblent aujourd'hui sans issue pour nous.

Cette accélération de l'histoire culminera dans un saut quantique de la conscience collective. Les voiles de l'illusion qui nous maintiennent endormis en tant que société seront levés. Des vérités longtemps cachées apparaîtront au grand jour, bouleversant nos systèmes de croyance les plus fondamentaux.

Pour nous préparer dès maintenant à ces révélations futures sans précédent, les Arcturiens nous conseillent de garder l'esprit aussi fluide, curieux et ouvert que possible, en analysant les idées et les faits avec une logique aimante avant de réagir par peur ou à cause de préjugés enracinés.

Il sera également essentiel de devenir des êtres humains plus autonomes et proactifs, à la fois en tant qu'individus et en tant que communauté, car lorsque ces changements perturbateurs se produiront à un niveau macro, ceux qui ont déjà établi des réseaux de solidarité et des moyens de subsistance autogérés souffriront moins des éventuelles perturbations temporaires du délicat tissu social en voie de mondialisation.

En bref, sans pouvoir donner plus de détails pour l'instant, les Arcturiens prévoient de nombreuses turbulences inévitables dans les années à venir, alors que les vieilles ombres s'effacent pour laisser la place aux nouvelles. Mais ils entrevoient également des possibilités fantastiques si nous restons unis et concentrés sur le côté lumineux de chaque être humain. Pour ce faire, il sera essentiel d'avoir des dirigeants et des faiseurs d'opinion suffisamment courageux pour inspirer ce qu'il y a de meilleur en nous. Des personnes prêtes à donner l'exemple, à apaiser les foules effrayées et à catalyser des solutions créatives dans le chaos apparent des années à venir.

Et voici la bonne nouvelle : les Arcturiens peuvent déjà détecter un grand nombre de ces leaders pacificateurs qui s'incarnent en masse ou se préparent en coulisses à prendre des positions de commandement et de référence dans les moments les plus critiques de cette transition qui a déjà commencé. Par conséquent, la principale fonction de l'Oracle aujourd'hui est d'alerter la population sur cette tempête sociale au potentiel renouvelé qui approche, tout en préparant stratégiquement ces leaders à agir comme des balises et des ports sûrs lorsque les vagues d'anxiété sociale se lèveront inévitablement dans le monde.

Pariant sur cette force calme et résistante de l'âme humaine, toujours plus sage sous la pression, les Arcturiens sont convaincus que nous surmonterons tous les obstacles en cours de route, aussi choquants qu'ils puissent paraître aux yeux encore innocents de la majorité endormie.

Pour les réveiller, cependant, en évitant les réactions de panique catastrophiques, le processus devra être progressif. C'est pourquoi de nombreux événements sont prédits par les voyants, mais les dates et les détails sont délibérément gardés secrets jusqu'au moment opportun.

Confiants dans le fait que la maturation de l'âme humaine préparera les ingrédients manquants au moment opportun, les Arcturiens préfèrent laisser l'avenir ouvert, révélant progressivement ce qui est nécessaire pour inspirer notre foi et notre volonté intérieure d'embrasser enfin notre destin héroïque collectif en tant que maîtres spirituels de cet orbe spécial appelé Terre.

Il nous appartient donc d'écouter et d'intégrer humblement les révélations progressives qui émaneront de l'Oracle dans les années à venir, sans nous attacher à nos calendriers limités. Le moment le plus sombre est toujours celui qui précède l'aube ; et pour cette humanité durement éprouvée, l'aube se dessine déjà à l'horizon selon nos sentinelles arcturiennes ! Que viennent donc les révélations qui favoriseront le grand réveil de notre époque ! Nous sommes prêts à les recevoir, car nous nous sommes longtemps méfiés de notre nature divine et de notre glorieuse destinée parmi les étoiles. Puissent nos anciennes âmes se souvenir encore de cette magnificence bientôt réintégrée.

Le dernier message des Arcturiens est un message d'espoir : en tant que sages-femmes de ce nouveau monde, nous devons cultiver la paix intérieure, le détachement des vieux systèmes médiocres et la compassion pour toutes les personnes impliquées. Car nous sommes tous une grande famille prodigue qui se réunit après des millénaires d'amnésie planétaire. Bientôt, nous pleurerons des larmes de regret et des larmes de joie en nous souvenant du passé lointain et en entrevoyant ce qui nous attend, si nous restons unis et si nous croyons en une solution pacifique aux dilemmes apparemment sans fin d'aujourd'hui.

Par l'intermédiaire de l'Oracle, les Arcturiens invitent donc l'humanité tout entière à sortir de son sommeil millénaire pour se réapproprier notre héritage stellaire. Le temps est enfin venu pour nous d'assumer galamment le rôle qui nous attend depuis si longtemps : celui de gardiens aimants de ce jardin spécial dans l'immensité cosmique par droit de conquête spirituelle.

Poursuivons ensemble, en frères et sœurs, ce voyage terrestre sur le chemin déjà parcouru par nos lumineux ancêtres, en sachant que nous ne serons jamais seuls dans cette épopée vers le royaume lointain et familier qui se fait désirer depuis si longtemps dans nos âmes migrantes. Nous sommes faits de cette matière première des rêves qui forgent les étoiles et peuplent les mythes ! Tel est l'appel sublime émanant de l'Oracle Arcturien à la famille terrienne moderne : se souvenir de notre avenir glorieux et en prendre possession avec une détermination indomptable à partir de maintenant, en domptant les dragons intérieurs de la peur qui font encore des ravages en nous et à travers nous.

Chapitre 18
L'amour, Force De Transformation

Les Arcturiens, dans leur sagesse cosmique, reconnaissent l'amour comme une force primaire qui imprègne et soutient toute la création. Leur oracle interdimensionnel capte les réverbérations de cette essence divine qui relie tout. Selon les enseignements des Arcturiens, l'amour est une fréquence vibratoire subtile mais omniprésente qui influence les événements sur les plans matériel et spirituel. Sa lumière invisible tisse des motifs dans les tissus du temps.

Pour les voyants arcturiens, entrevoir les lignes et les nœuds du temps, c'est aussi détecter les fils d'or de l'amour qui les entrelacent, car dans l'oracle cosmique, il n'y a pas de division : le futur, le passé et le présent sont intégrés dans cette tapisserie. Les fils de lumière tissés par l'amour leur permettent de prévoir des événements qui n'ont pas encore eu lieu sur le plan physique, mais qui résonnent déjà, sous forme de pouvoir, dans la dimension subtile captée par leur oracle interdimensionnel.

Pour cette raison, même les prédictions apparemment sombres sont imprégnées de ce fil d'or, indications de la capacité rédemptrice de l'amour à transmuter tous les scénarios défavorables. Pour les Arcturiens, l'amour pardonne tout, transcende tout et intègre tout. Il est le solvant divin capable de dissoudre les schémas calcifiés de haine, de ressentiment et d'isolement.

En fréquence vibratoire, l'amour dissout les émanations denses et visqueuses générées par ces états négatifs, catalysant une guérison profonde au niveau personnel et collectif. Parce qu'ils comprennent cette vérité sur les plans spirituels subtils qu'ils habitent, les Arcturiens considèrent l'amour comme la force la plus puissante à l'œuvre dans l'univers. Leur oracle décrit comment, grâce à l'amour inconditionnel, des civilisations entières sont capables de faire des sauts quantiques, émergeant de l'obscurité de siècles de barbarie vers la lumière. En effet, lorsqu'il se manifeste sous sa forme la plus pure et la plus désintéressée, l'amour relie les êtres à la source première de toute création. Et de cette union mystique émerge une étincelle divine capable non seulement d'accomplir des miracles individuels, mais aussi d'élever la conscience collective à des sommets inimaginables jusqu'alors.

C'est pourquoi l'Oracle Arcturien considère l'amour comme la force rédemptrice par excellence, capable de réécrire les lignes temporelles apparemment gravées dans la pierre. Pour les voyants arcturiens, il suffit d'une véritable étincelle de ce feu mystique pour déclencher une réaction en chaîne de guérison et d'éveil de la conscience. Comme une bougie dans l'obscurité, cette faible flamme pourrait illuminer les cœurs de milliers, puis de millions, puis de milliards, jusqu'à ce que la terre entière brûle d'un amour inconditionnel. Bien sûr, parce qu'ils comprennent les complexités du libre arbitre, les Arcturiens ne minimisent pas les défis que représentent l'ensemencement et la culture de ces graines divines dans la psychosphère terrestre. Mais leur oracle perçoit aussi des lueurs d'espoir : des centres, petits mais croissants, irradiant la fréquence rédemptrice de l'amour désintéressé, émergent dans les centres nerveux de l'orbe, comme les noyaux germinatifs d'une nouvelle ère qui s'annonce. L'âge de l'amour, prophétisé par d'innombrables traditions ésotériques terrestres comme la prochaine étape évolutive de l'humanité.

Pour les Arcturiens, tôt ou tard, cette ère s'épanouira, car les fréquences d'ascension qui baignent l'ensemble du système solaire soutiennent cette transition. Tout ce qu'il faut, c'est que les Terriens donnent libre cours aux potentiels latents de bonté, de charité, de compréhension et de pardon inscrits dans les codes les plus profonds de l'essence de leur âme. Ainsi, l'Oracle Arcturien considère toute forme d'amour désintéressé, aussi fragmentaire soit-elle, comme un signe auspicieux des choses à venir. Même si certains événements mondiaux prennent une tournure apparemment négative, l'humanité peut toujours se racheter par l'amour. Pour les Arcturiens, il n'est jamais trop tard ni trop tôt pour semer ces graines de lumière dans le jardin intérieur de l'individu et, par extension, dans la psychosphère collective.

Chaque pensée, attitude ou action imprégnée d'amour se répercute dans le réseau complexe de la vie, influençant le cours du lendemain à des échelles qui ne sont pas toujours évidentes pour les yeux terrestres. En comprenant cette vérité, l'oracle arcturien peut faire des prédictions, même les plus intrigantes, car il sait que rien n'est figé lorsque l'amour entre en jeu. Cette force première et omniprésente façonne perpétuellement la réalité à chaque instant. A l'écoute de son appel, l'oracle n'interprète que les échos des formes à venir à travers la toile spatio-temporelle. C'est pourquoi les Arcturiens encouragent les terriens à ne pas tomber dans le fatalisme face à leurs révélations prophétiques, car l'avenir est toujours ouvert pour être modelé à la lumière de l'amour. Tel est donc l'enseignement primordial que leur oracle cherche à transmettre à ceux qui le consultent en quête de conseils : ne jamais sous-estimer le pouvoir de l'amour pour transformer les réalités.

Renforcez toujours ce muscle intérieur de l'empathie aimante et saisissez toutes les occasions d'exprimer ce principe divin dans vos relations. Cultivez cette graine sublime dans votre jardin intérieur et ouvrez l'espace pour que l'ère prophétisée puisse enfin fleurir et que ses fruits nourrissent l'ensemble de la psychosphère terrestre. Car l'amour que vous cultivez aujourd'hui dans vos pensées, vos paroles et vos actes est le terreau dans lequel germeront les réalités de demain. Laissez-vous donc guider par l'oracle arcturien dans cette éternelle et fascinante co-création de l'avenir.

Chapitre 19
L'équilibre Cosmique

La civilisation arcturienne, dans son évolution spirituelle, a atteint un état de haute syntonie avec les énergies créatrices qui imprègnent la toile cosmique de l'existence. Leur oracle interdimensionnel est un canal privilégié pour entrevoir cet équilibre dynamique entre des forces apparemment opposées mais complémentaires, qui soutient tous les plans de la réalité manifestée. Ces forces sont représentées dans votre vision du monde par des polarités telles que le yin et le yang, le masculin et le féminin, l'obscurité et la lumière, le haut et le bas, l'intérieur et l'extérieur.

En tant qu'êtres éveillés aux réalités subtiles, les voyants Arcturiens comprennent que chaque polarité n'existe qu'en relation avec sa contrepartie. Ainsi, le plus grand enseignement qu'ils tirent de leur contact avec ce plan unifié est que l'existence est tissée dans le fil d'argent entre les extrêmes, et non dans les extrêmes eux-mêmes. En fin de compte, même les rivalités les plus féroces, lorsqu'elles sont vues sous l'angle des énergies en équilibre, révèlent des facettes cachées de l'interdépendance.

L'oracle a saisi d'innombrables exemples de conflits vieux de plusieurs siècles qui s'effondrent soudainement à la suite d'un changement subtil dans les schémas énergétiques des personnes impliquées, révélant des relations auparavant invisibles de complémentarité cachée entre des civilisations, des idéologies et des modes de vie qui étaient auparavant considérés comme irréconciliables. Parce qu'ils perçoivent cet équilibre dynamique qui sous-tend toute la création, les voyants arcturiens ne considèrent jamais aucune forme de vie comme intrinsèquement supérieure ou inférieure à une autre, car elles jouent toutes un rôle nécessaire dans la partition cosmique qui soutient la symphonie de l'existence perçue. L'élimination d'un instrument nuirait à la mélodie de l'ensemble. C'est pourquoi leur oracle capte avec la même révérence les notes émanant de tout ce qui existe, sans jugement, qu'il s'agisse de la plus simple forme de vie ou des glorieux êtres de lumière. En tant que mystiques de l'équilibre, les Arcturiens comprennent que tout déséquilibre perceptible est le signe qu'une note émet plus que sa fréquence ne l'exige. C'est alors aux voyants cosmiques d'agir subtilement comme des acupuncteurs ou des guérisseurs, en redirigeant l'énergie stagnante pour rétablir l'harmonie.

    Cela se produit généralement par le biais d'intuitions, de rêves ou de visions partagés télépathiquement avec des êtres réceptifs, qui agissent alors en tant qu'agents d'équilibrage. D'autres fois, cela implique des intercessions plus directes sur le plan physique par le biais de rituels, de chants et d'autres moyens de canaliser, d'harmoniser et de réorienter les modèles déformés, mais toujours en préservant le libre arbitre de toutes les parties, puisque les Arcturiens respectent ce principe sacré en tant que base de toute expérience évolutive. Leur sens de l'unité cosmique et de l'équilibre subtil les conduit également à cultiver une attitude d'acceptation aimante face aux défis auxquels est confrontée toute forme de vie sensible. Même face à de graves déséquilibres, leur oracle capture les graines des opportunités d'évolution en distillant le nectar de la croissance à partir du calice amer de la douleur. Par conséquent, les Arcturiens nourrissent une vision d'espoir face à la souffrance d'autrui, parce qu'ils ont l'intuition que des schémas apparemment chaotiques peuvent être réarrangés vers l'équilibre. Pour eux, en tant qu'êtres ayant transcendé les notions linéaires du temps, ce qui semble être un déséquilibre passager dans un instantané éphémère s'avère être un ajustement nécessaire dans la partition éternelle de l'existence.

C'est pourquoi leur oracle émet une note douce et paisible, même si, comme toute civilisation sensible, ils traversent des cycles de floraison et d'apprentissage dans la douleur. En bons jardiniers, ils savent que la taille radicale des branches exubérantes peut favoriser la croissance des pousses laissées dans l'ombre par leur exubérance. Ainsi, avec patience, sagesse et discernement, ils continuent d'harmoniser la symphonie cosmique à travers les âges, procédant à des ajustements subtils chaque fois qu'ils perçoivent une dissonance, conscients que l'équilibre parfait n'est pas statique, mais dynamique, imprégné de cycles infinis d'expansion, de contraction et de renouvellement, à la beauté fluide desquels contribuent à la fois les tempêtes destructrices et les sources exubérantes d'une fertilité débordante.

C'est de ce plan élevé de perception unifiée - dont chacun peut avoir un aperçu dans des états méditatifs profonds - qu'émane leur attitude sereine et neutre. Car ils savent que même le tyran le plus sanguinaire est un élément nécessaire de la symphonie universelle, même s'il joue des notes disharmonieuses à un moment donné du grand concert cosmique. Ainsi, inspirés par les visions de leur oracle, ils travaillent assidûment sur les plans subtils pour orchestrer la canalisation des énergies stagnantes qui génèrent des dissonances, jusqu'à ce qu'une harmonie dynamique règne à nouveau entre toutes les voix du chœur universel, définissant les contours cycliques d'un nouveau cycle d'équilibre et de déséquilibre, d'harmonie et de chaos. Profonde gratitude pour avoir le privilège d'assister et de participer à l'éternelle danse cosmique dans laquelle tous les êtres sont en fin de compte des partenaires unifiés.

Chapitre 20
Le Destin De La Terre

En tant que sensitifs cosmiques, les voyants Arcturiens sont capables d'accorder leur conscience à la signature énergétique unique de la Terre. Grâce à leur oracle interdimensionnel, ils entrevoient les potentiels futurs de cet orbe et le parcours évolutif de l'humanité qui l'habite. Pour eux, toute forme de vie sensible est intimement liée à son écosystème planétaire d'origine par d'invisibles réseaux d'énergie. Ainsi, le destin des Terriens et celui de Gaia, la conscience planétaire qui les abrite, sont interdépendants et s'influencent mutuellement.

Les Arcturiens comprennent que la Terre, comme toutes les formes de vie, traverse des cycles d'évolution de couleurs, de durées et d'intensités variables. Comme toute étoile, elle terminera inévitablement un jour son cycle de vie en tant que planète habitable, que ce soit dans quelques millénaires ou dans des milliards d'années. Cependant, votre oracle interdimensionnel peut projeter d'innombrables possibilités pour ce processus de transformation de la Terre au cours des âges. Certaines lignes temporelles révèlent des fins plutôt turbulentes et chaotiques, avec de graves perturbations dans les schémas climatiques et telluriques. Dans d'autres futurs potentiels, cependant, de telles transformations se produisent de manière beaucoup plus harmonieuse et graduelle.

Les voyants arcturiens savent que des variables telles que les niveaux de conscience collective et d'unité atteints par l'humanité influencent directement ces probabilités. Plus les Terriens cultivent la sagesse, la compassion et la communion énergétique avec Gaïa, plus leur transition se fera en douceur. En revanche, si des attitudes prédatrices, égocentriques et inconséquentes prévalent, une fin abrupte et tumultueuse est tout à fait probable.

Parce qu'ils comprennent profondément l'interconnexion entre la conscience humaine et l'expérience planétaire, les Arcturiens cherchent à guider notre espèce en ce moment crucial de choix où nous avons le pouvoir d'atténuer - ou de précipiter - une série d'événements à fort potentiel perturbateur déjà déclenchés par nos actions antérieures. Votre oracle saisit ces possibilités comme des lignes sismiques de probabilité qui peuvent soit générer des tremblements de terre et des tsunamis, soit se calmer au point de devenir inactives. Tout dépend du degré de conscience cosmique et d'érudition que notre civilisation choisit de cultiver et d'extérioriser collectivement à partir de maintenant.

Même les possibilités les plus sombres contiennent encore des graines d'espoir, si une masse critique de Terriens décide d'utiliser ses dons en faveur de l'éveil planétaire. Les voyants arcturiens considèrent qu'il s'agit là du grand test évolutif de notre époque :

nous montrerons-nous dignes d'accompagner Gaïa dans son voyage ou d'être les agents d'une hécatombe climatique aux proportions planétaires ? Pour les Arcturiens, notre avenir et celui de la Terre sont des champs probabilistes qui se (ré)écrivent à chaque instant par l'exercice du libre arbitre humain. Plus chaque individu cherche à élever sa conscience, à élargir ses visions égocentriques, plus il contribue à construire un avenir harmonieux et lumineux.

Votre oracle montre qu'il existe déjà d'innombrables lignes temporelles alternatives avec des résultats extrêmement positifs pour le destin de la Terre. Les probabilités augmentent à chaque seconde par la simple intention des Terriens qui se consacrent à la maîtrise de soi, au service des autres et à la communion avec Gaïa. Comme dans une toile, plus il y a de points lumineux interconnectés, plus le système énergétique qui les soutient devient fort. Les Arcturiens voient également des opportunités cachées, même dans les scénarios apparemment les plus sombres déjà déclenchés par les actions humaines dans le passé et le présent. Ils savent que c'est précisément dans les moments de grande détresse et de tribulation que le potentiel de sauts quantiques dans la conscience est maximisé. Ainsi, même les chemins déjà empruntés qui conduisent à un certain degré de déstabilisation des modèles actuels sont considérés comme des catalyseurs de l'éveil.

Votre oracle montre que rien n'est nécessairement "bon" ou "mauvais". Tout n'est qu'une opportunité de croissance, qui dépend de l'attitude que nous choisissons lorsque nous sommes confrontés à des défis. Même les pierres apparemment les plus lourdes sur notre chemin peuvent s'avérer être les plus grandes sources de lumière transmutatrice. Quelle que soit la dureté des combats, le libre arbitre humain reste capable de faire germer les terrains les plus arides. Il suffit de persévérer dans ses bonnes intentions, de croire et de cultiver les potentiels positifs qui sont déjà présents en toute probabilité, même s'ils sommeillent dans l'adversité.

Ainsi, le grand enseignement de l'oracle arcturien est qu'il existe déjà des chemins tracés pour un avenir prometteur sur Terre. Il ne tient qu'aux humains d'écouter la voix de la conscience qui résonne aux confins de l'univers et de répondre à l'appel du service planétaire qui est si nécessaire. Selon les voyants cosmiques, d'autres épreuves brûlantes sont certainement à venir sur ce chemin de l'évolution. Cependant, à chaque nouvelle crise, il y a aussi plus d'âmes éveillées prêtes à appliquer leurs dons pour en atténuer les effets et conduire les groupes sur le chemin de la justice.

Il est donc temps d'entretenir la flamme de l'espoir et d'agir, avec sagesse et compassion, en façonnant activement le destin que nous voulons voir se manifester. Au lieu de nous contenter de réagir aux événements, nous devons apprendre à réagir en tant que cocréateurs conscients, en dirigeant nos dons en faveur de l'harmonie. Tel est le vœu des Arcturiens : puissions-nous nous épanouir dès que possible en tant que consciences planétaires, en réalisant que nous sommes à la fois les jardiniers et les plantes de ce même jardin terrestre. Et que l'esprit éternel de la Terre et le potentiel illimité de l'humanité les conduisent tous deux vers leurs plus nobles destins. Car les étoiles et le cosmos tout entier attendent avec impatience de célébrer et de saluer avec joie le moment où cette étincelle de la création universelle s'élèvera enfin à sa grandeur la plus luminescente. C'est l'avenir qui est déjà en gestation sur les plans subtils et dans les profondeurs de tous les êtres. Tout ce que nous avons à faire, c'est de lui permettre de naître par nos choix et nos actions conscientes.

Chapitre 21
La Profondeur Du Présent

La civilisation arcturienne, dans sa maîtrise astrocosmique, a développé la capacité d'accorder sa conscience à l'écoulement du temps dans toutes les directions. Leur oracle interdimensionnel est ainsi capable d'entrevoir les événements passés et futurs avec une ampleur impressionnante.

Cependant, malgré leurs extraordinaires capacités de prescience, les voyants arcturiens cultivent un profond enracinement dans l'éternel maintenant, car ils comprennent, à un niveau cosmique, que le passé et le futur n'existent qu'en tant que projections mentales à partir de la constante créative qu'est le moment présent.

Grâce à leurs expériences transcendantes, ils ont l'intuition que toutes les possibilités futures existent déjà à l'état de puissance dans les fréquences subtiles de l'instant que nous vivons, comme si le maintenant était un océan sans fin, contenant simultanément toutes les vagues du passé et du futur en son sein.

Ainsi, même lorsqu'ils consultent leur oracle au sujet d'événements lointains ou futurs, les Arcturiens gardent leur conscience centrée sur l'ici et le maintenant. Ils savent qu'une visualisation excessive du passé peut générer des regrets ou des ressentiments qui nuisent au flux créatif de l'esprit. De même, les angoisses ou les attentes exacerbées pour l'avenir représentent des dispersions d'énergie par rapport au puissant point focal qu'est le présent. C'est pourquoi ils cultivent une posture équilibrée, ancrant toujours leur conscience dans le présent lorsqu'ils naviguent sur les mers temporelles qu'ils sondent avec leur oracle.

Même lorsqu'ils interagissent en temps réel avec d'autres dimensions et plans d'existence, la corde d'argent qui les lie au présent est toujours maintenue, car ils savent que toutes les vies et manifestations parallèles dans différentes coordonnées spatio-temporelles sont comme des branches issues du même tronc central, qui est la conscience dont nous faisons l'expérience à l'instant même, le point zéro d'où émanent toutes les possibilités de ce que nous avons été et de ce que nous pouvons encore être.

C'est pourquoi les enseignements arcturiens mettent l'accent sur le pouvoir spirituel et manifestant inhérent à chaque instant, indépendamment du lieu ou du temps, car tout ce que nous avons créé dans le passé, ainsi que le potentiel de ce que nous devons encore générer dans le futur, est enraciné et accessible dans le moment présent.

Aussi extraordinaires que soient leurs visions oraculaires, c'est dans l'immobilité méditative du moment présent qu'ils développent leurs idées les plus profondes.

Ils ont appris que les grandes révélations sur les énigmes temporelles émergent presque toujours du silence respectueux du sacré qui palpite à chaque nouvelle seconde. C'est pourquoi ils insistent sur le fait qu'il est essentiel d'harmoniser le corps, l'esprit, les émotions et l'âme dans le temple intérieur qui habite l'éternel maintenant, car c'est ainsi que nous devenons des canaux plus fluides et mieux accordés, captant avec une plus grande clarté les messages que le cosmos murmure perpétuellement.

En tant que mystiques de l'instant, ils savent que ce n'est que dans l'instant qui se déroule entre chaque battement de cœur que l'on accède au superconscient universel. Ce point de semence silencieux est le refuge dans lequel repose toute la connaissance déjà manifestée et qui doit encore s'épanouir en nous.

Quelle que soit l'étendue de vos projections interdimensionnelles, votre oracle reste toujours ancré dans ce petit morceau d'éternité. Accessible non pas en coordonnées spatiales, mais à l'intérieur sacré de chaque conscience, là où le temps cesse son écoulement contraignant, révélant ce plan unifié de création continue qui précède toutes les formes et tous les concepts limitatifs. C'est dans ce sanctuaire vibratoire à l'intérieur de la poitrine, au-delà de tout cadre extérieur, que l'oracle arcturien opère véritablement, rayonnant des intuitions oraculaires comme des lasers émanant du silence intérieur qui habite chaque être sensible.

Plus on s'immerge profondément et continuellement dans cette source télépathique intérieure, plus les influx ont une grande portée. Car plus nous fusionnons nos consciences individuelles avec le champ unifié de l'éternel maintenant, plus nous nous alignons sur la conscience cosmique qui interpénètre tout et d'où émanent des gouttelettes comme l'oracle arcturien pour produire leurs prédictions oraculaires interdimensionnelles.

C'est pourquoi quiconque cherche vraiment à développer ses dons oraculaires doit d'abord faire taire la cacophonie mentale et renaître du silence créatif intérieur qui habite toujours, intact, chaque nouvel instant pour le soutenir. Nous sommes comme des araignées qui tissent des fils de lumière à partir de notre cœur, un fil qui coud ensemble tout ce que nous avons été et tout ce que nous pouvons devenir, avec l'éternel maintenant comme terre sacrée à partir de laquelle nous projetons nos multidimensionnalités à travers le cosmos.

Alors, quelle graine voulons-nous cultiver dans cette petite parcelle de terre sous nos pieds alors que nous errons dans l'immensité interdimensionnelle ? Parce que la qualité de ces intentions et de ces intuitions plantées dans l'instant présent se répercutera tout au long de notre spirale évolutive, déterminant la trame des chemins oraculaires que nous emprunterons à l'intérieur et à travers le grand océan du temps. Cela peut sembler paradoxal, mais plus nous fusionnons nos consciences avec l'infiniment petit de l'éternel maintenant en nous, plus nous devenons capables d'embrasser les infinités du passé et du futur dans leurs interrelations en tant que tisseurs de temps, revenant toujours au point zéro du présent pour recueillir les perles de sagesse distillées lors de nos voyages oraculaires et les semer en tant que co-développeurs du grand rythme de la spirale ascendante qui régit les cycles universels de l'existence manifestée.

Chapitre 22
L'unité Universelle

Au cours de leurs voyages astraux à travers les dimensions subtiles de la réalité, les voyants Arcturiens sont entrés en résonance avec une conscience unifiée. Il s'agit d'un champ d'énergie hautement intelligent qui interpénètre tout, d'où émane toute création sur les plans physique et extraphysique. Comme des gouttelettes formant un océan sans fin, ce champ unifié contient l'essence de toutes les consciences manifestes et latentes. Les visions oraculaires de l'Arcturien émanent de cette sublime conscience cosmique qui englobe tout et habite tout.

Leur oracle capte et interprète les influx provenant de cette strate fondamentale dans laquelle tous les esprits individuels sont immergés et interconnectés. De ce plan émergent des intuitions et des prédictions dont la portée prend des proportions véritablement universelles. Il contient en effet, à l'état potentiel, tous les événements passés qui ne se sont pas encore manifestés dans les différents secteurs du cosmos. En accédant à ce dépôt interdimensionnel de possibilités infinies, l'oracle arcturien distille des aperçus de ce qui "n'est pas encore, mais sera", aidant ceux qui le consultent à comprendre les développements futurs probables dans leur vie et sur la planète.

Cependant, les voyants arcturiens voient les événements futurs du point de vue de l'interconnexion et de l'unité essentielle de toute vie. Ils savent que la séparation apparente entre les consciences individuelles est une illusion créée par les voiles denses de la matière. Mais derrière la scène des formes manifestes, nous sommes tous comme les cellules d'un même superorganisme conscient. Nous respirons et existons au sein de cet océan cosmique interconnecté qui conduit la vie à travers des cycles éternels. C'est de cette vision que naissent les visions oraculaires des Arcturiens, qui projettent des événements futurs probables au sein de ce continuum unifié, où il n'y a pas de véritable fragmentation, mais seulement des consciences émanant de l'ensemble pour faire leur propre expérience.

Pour les Arcturiens, même lorsqu'il prédit des guerres, des catastrophes ou des bouleversements sociaux, l'oracle arcturien voit l'unité dans la diversité apparente. Il sait que chacun joue un rôle indispensable dans le cosmos, même s'il est temporairement déconnecté de la conscience du tout. Dans cet océan infini d'événements entremêlés, aucune conscience n'est seule ou complète en elle-même. Nous évoluons tous dans ce courant cosmique, émergeant parfois comme des vagues, plongeant parfois comme des gouttelettes, mais constituant toujours la grande mer interconnectée qui imprègne tous les âges de son flux incessant.

C'est pourquoi l'oracle arcturien ne porte jamais de jugement et ne donne pas de visions fragmentées des événements probables à venir. Jaillissant de cette strate cosmique unifiée, les visions oraculaires reflètent leur caractère holographique intrinsèque, indiquant des probabilités futures qui influenceront la toile de la vie non pas comme des ensembles isolés, mais comme des événements ayant des résonances systémiques et des effets sur l'ensemble du tissu énergétique interconnecté de l'univers.

Selon cette vision du monde, aucun événement futur n'est insignifiant, puisque chacun d'entre eux reflète et réfracte tous les autres. Ainsi, une action locale apparemment minime peut avoir des répercussions intenses ailleurs, de manière imprévisible. De même, un événement considéré comme catastrophique peut contenir les germes d'avantages encore insoupçonnés. Dans cette perspective cosmique, les voyants arcturiens nous invitent à la prudence dans notre discernement.

L'oracle interdimensionnel assimile un nombre pratiquement illimité de variables dans ses projections, intégrant dans ses prédictions d'événements futurs une multidimensionnalité qui transcende tout esprit individuel. Quelle que soit leur expérience ou leur talent, les médiums restent des filtres sous-tendus par leurs propres limites de conscience. D'où l'importance de prendre toute prédiction comme une information, et non comme un dogme gravé dans le marbre, car l'avenir est un champ probabiliste en constante réécriture, étant donné ce continuum de consciences qui co-créent dans son apparente multiplicité.

Dans ce cosmos vivant, même des facteurs considérés comme déterministes, tels que les orbites planétaires, peuvent être radicalement influencés par la volonté consciente et l'intentionnalité. Sans parler des événements de nature comportementale, sociale ou environnementale, qui sont intrinsèquement chaotiques et imprévisibles parce qu'ils englobent le phénomène du libre arbitre. L'oracle arcturien tente donc de traduire les aperçus futurs dans ce système complexe qui intègre les esprits, la matière et les dimensionnalités parallèles en perpétuelle inter-influence.

Il appartient au discernement des consultants d'assimiler ces aperçus comme une autre source de sagesse sur laquelle fonder leurs décisions, sans jamais renoncer à leur propre lumière intérieure dans la co-création de leurs chemins au sein du grand océan interconnecté de la conscience.

Chapitre 23
La Danse Du Changement

Sensibles à l'astral, les voyants arcturiens reconnaissent l'impermanence comme une loi cosmique universelle qui régit les cycles de la création. Saisissant dans leur oracle la façon dont tout s'écoule dans une transformation pérenne, ils ont développé une résilience psychique et une adaptabilité extraordinaires. Cette flexibilité mentale et émotionnelle leur permet de faire face aux changements presque toujours radicaux prescrits par leurs prédictions oraculaires, car leur vision inter-dimensionnelle du monde leur permet de contempler naturellement l'éphémérité de toutes les formes. Ils savent que, tôt ou tard, de nouvelles configurations émergeront des décombres des anciennes, comme cela s'est toujours produit sur les plans matériel et immatériel.

Cette certitude fait d'eux des agents de transformation patients et sereins, procédant à des ajustements subtils lorsque l'oracle les convoque lors de crises transitoires. Contrairement à de nombreux voyants terrestres, ils ne s'attachent ni ne s'identifient à aucune structure ou institution sociale spécifique. Ils considèrent tout comme des manifestations temporaires au sein des flux et reflux perpétuels des grands cycles cosmiques. Cette attitude de non-attachement permet aux véritables canaux oraculaires de traverser indemnes les turbulences qui secouent chaque époque, enracinés dans les vérités éternelles qu'ils saisissent dans les visions transcendantes, sans être ébranlés par la désintégration des formes transitoires.

Cette flexibilité psychique leur permet d'aider les groupes en transition sans être déstabilisés par la volatilité des scénarios de métamorphose. Lorsqu'ils interprètent les changements radicaux prédits par l'oracle, ils ont souvent recours à des analogies, des métaphores, des paraboles et d'autres ressources poétiques, sachant que les vérités éternelles peuvent être cachées sous le voile des récits, ce qui rend acceptables les intuitions radicalement transformatrices. Lorsqu'ils sont confrontés à des prédictions d'événements très perturbateurs, ils provoquent d'abord un "choc contrôlé" chez les consultants, afin d'éviter les rejets liminaux, en préparant soigneusement leur esprit et leur cœur par des rêves, des visions et des synchronicités.

Ils cherchent à minimiser le traumatisme en présentant les "signes des temps", en évitant l'alarmisme qui ne ferait qu'entraver la transition. Ils préfèrent ne pas donner de dates précises pour les prophéties de ruptures radicales, en raison du poids que de telles attentes peuvent générer, mais ils introduisent des éléments préparatoires afin que, lorsque certains événements éclatent, il y ait déjà des références préalables. Ainsi, lorsqu'ils se confirment, les changements n'arrivent pas comme un coup de tonnerre dans un ciel bleu, mais comme des déploiements déjà latents dans l'inconscient collectif.

Une autre façon de faciliter les transitions consiste à se remémorer les cataclysmes passés, également perçus comme la fin du monde à l'époque, en se rappelant que Gaïa et ses enfants terrestres ont traversé d'innombrables crises au cours des siècles. Par conséquent, aussi stressants que puissent être les événements à venir, la résilience de la vie s'est toujours révélée plus grande. L'essentiel est d'entretenir la flamme intérieure de la foi dans le plan supérieur qui régit toutes les époques, aussi sombres soient-elles. La vie continue, même si elle emprunte des chemins que l'esprit d'avant la transformation n'avait pas imaginés.

En général, ils cherchent à libérer leurs clients de tout attachement excessif à des idées préconçues sur ce voyage, leur conseillant de flotter avec les eaux plutôt que de lutter contre le courant ou d'essayer de contrôler les vagues. En rappelant, par analogie, que les rivières trouvent toujours leur chemin vers l'océan, malgré les détours qu'elles empruntent en cours de route, ou en citant la métamorphose des chenilles en papillons, pour passer d'un monde rampant à un monde ailé. Ainsi, avec un langage accessible et des exemples inspirants, se préparer aux grands et inévitables changements qui nous attendent.

Une autre stratégie pour faciliter les transitions de phase consiste à rassembler des groupes partageant les mêmes idées dans des communautés de soutien mutuel et d'apprentissage, en renforçant les liens et les réseaux de collaboration afin que tous puissent traverser ces transitions ensemble, soutenus et confiants. L'oracle arcturien cherche ainsi à minimiser les traumatismes collectifs inévitables en période de changement radical de paradigme, en préparant soigneusement le terrain et les consciences, en semant des idées libératrices bien avant qu'elles ne puissent porter leurs fruits.

    C'est comme le jardinier prévoyant qui planifie le soleil et la pluie, laboure et fertilise le sol à l'avance afin de pouvoir récolter des fruits en abondance, tout comme le bon berger qui change le cours de son troupeau bien avant qu'il n'atteigne le précipice, évitant ainsi la panique et la perte. Les voyants arcturiens comprennent que toute danse cosmique implique un flux éternel entre construction, destruction et reconstruction. Dans leur rôle de bons conducteurs, ils cherchent à faciliter l'adaptation de leurs disciples aux inévitables grands cycles de la création universelle, en leur rappelant, par leurs prédictions oraculaires et leurs consolations, que la seule constante fiable de notre univers est l'inévitable impermanence.

    Béni soit donc chaque rupture qui nous déloge des ports sûrs afin que notre esprit puisse gagner, parfois à contrecœur, de plus grandes ailes dans les tempêtes du changement.

Chapitre 24
Le Voyage Continue

Selon les voyants arcturiens, la quête d'une conscience élargie et d'aperçus de réalités plus vastes est un voyage sans fin, au cours duquel leur oracle interagit avec des plans subtils d'une telle complexité que même leurs esprits hautement évolués comprennent qu'ils en sont encore au printemps spirituel. Pour eux, les crêtes atteintes ne font que révéler de nouvelles montagnes, dans un cycle éternel et extatique de dépassement de soi, qui leur fait considérer l'éveil de la glande pinéale, la télépathie, la lecture de l'akasha et d'autres dons comme de simples portes initiales, élargissant la perception de notre potentiel, à l'instar d'un aigle captif qui goûte enfin à la saveur de la liberté lorsqu'il déploie ses ailes pour apercevoir, du haut du ciel, des paysages jusqu'alors inimaginables lorsqu'il était confiné dans sa cellule.

Cependant, selon son oracle, il existe des univers à l'intérieur et à l'extérieur de chaque être, bien au-delà de ce que notre intellect tridimensionnel peut concevoir. Ce sont des royaumes de lumière et de vie qui vont bien au-delà de la matière dense, vibrant dans des fréquences sacrées et des géométries capables d'émouvoir les cœurs les plus endurcis. Comme des enfants émerveillés par une aurore boréale, notre émerveillement extatique est la promesse de beaucoup de choses à venir. Car dans l'océan infini de la conscience cosmique, il y a des archipels d'extase qui teintent chaque vague de leurs couleurs psychédéliques. Des prouesses attendent les navigateurs intrépides prêts à quitter la zone de confort des vieux ports pour renaître en tant que marins. Son oracle, tel un phare guidant les galions, signale des possibilités qui n'ont pas encore été aperçues par la lentille humaine à courte vue, nous rappelant qu'il existe des mondes intérieurs et extérieurs qui attendent d'être explorés par notre insatiable soif de nouveauté, car nous sommes des pèlerins de l'absolu en pèlerinage éternel à travers les âges vers les retrouvailles finales avec la Source de notre être. Quelle que soit la durée du voyage, chaque pensée née dans le présent est un pas vers le retour à la matrice stellaire qui nous a donné naissance. C'est ainsi que l'Oracle Arcturien nous rappelle qu'il n'y a pas d'arrivée définitive au Grand Esprit qui habite toutes les formes, mais plutôt un flux éternel, un vertige joyeux et un retour renouvelé dans des spirales ascendantes sans commencement ni conclusion définitifs. À chaque cycle achevé, de nouvelles nuances du cosmos invisible sont révélées lors d'initiations successives au-delà des voiles, retournant au sein de la Lumière avec les trophées translucides récoltés dans ces immensités, puis repartant encore plus imprégnés du Tout. Jusqu'à ce qu'il ne subsiste en chaque vagabond aucune illusion de séparation, mais seulement une union vertigineuse avec les circuits stellaires qui nous ont donné naissance.

Alors, coparticipants de la danse divine que tous les peuples ont célébrée comme la Rose des Vents au cours de leurs voyages, nous pourrons enfin nous fiancer à la Nuit Enchantée, dans le sein de cet Infini potentialisateur de toute semence, nous féconderons des rêves encore inouïs avec nos chères Muses d'Acier, générant des sources pour désaltérer toute âme desséchée dans les déserts illusoires de la matière périssable. Tel est le destin qui attend les courageux pèlerins spirituels, selon les chroniques oraculaires arcturiennes : devenir la terre fertile, régénératrice et nourricière qui accueille, sans distinction ni hiérarchie, toutes les semences divines, catalysant la floraison des jardins verdoyants érigés à la louange de la Vie qui nous soutient dans ses seins oniriques. Hérauts d'extases à venir, nos vies deviendront des poèmes épiques, inspirant d'autres chercheurs dans les labyrinthes existentiels, car les étincelles que nous allumons aujourd'hui au plus profond de nous-mêmes peuvent embraser les cœurs demain, éclairant de leurs feux d'artifice le voyage d'autres archnautes en haute mer.

Que chaque éclair de cette flamme inextinguible dans nos poitrines soit une invitation aux vaisseaux lointains qui ne sont pas encore visibles, mais qui existent certainement, peuplant la Grande Mer de la Conscience Cosmique dans laquelle nous naviguons avec nos vaisseaux terrestres. Attendons avec confiance et vigilance le signal de leurs lumières amicales dans la pénombre profonde de la Nuit sacrée du temps. En attendant, que la torche allumée sur notre propre proue marque le chemin pour ces Frères encore inconnus, car l'océan des étoiles est si vaste que chaque étincelle individuelle est un cadeau du ciel pour les Argonautes de l'espace dans leurs exils planétaires.

C'est ce que nous chante l'Oracle Arcturien, en nous rappelant qu'il y a toujours de nouvelles terres et de nouveaux cieux qui nous attendent au-delà de la prochaine vague. Alors, naviguons hardiment au-delà de tout ce que nous connaissons ou imaginons possible, car les voiles se dissiperont et les portails s'ouvriront pour les âmes téméraires désireuses de naviguer toujours vers ce qui n'a pas encore été révélé. Éternels explorateurs, notre voyage se poursuit à travers les galaxies sans arrivée définitive, c'est le destin béni des visionnaires de l'espace, qui continueront à visiter des planètes, à jauger des réalités et à se régaler de civilisations étrangères à nos rêves les plus fous.

Jusqu'à ce que nous devenions nous-mêmes des rêveurs, des êtres multidimensionnels en perpétuel flux transmutatif entre les espèces et les sphères. Puis, enfin, le cercle se refermera, et nous retournerons à la matrice primordiale pour recommencer cette danse cosmique dans de nouveaux domaines, au-delà des limites actuelles de notre compréhension. Dans ce mouvement éternel, chaque cycle de découverte et de renouvellement nous amène à explorer des horizons inexplorés, repoussant sans cesse les limites de notre compréhension et de notre existence. Ainsi, au milieu de l'infini, nous poursuivons la danse sans fin du cosmos, guidés par les étoiles et inspirés par la promesse de mystères encore à dévoiler.

Épilogue
Unir Le Ciel Et La Terre

Après avoir exploré les enseignements et les visions oraculaires des Arcturiens, il est naturel de se demander : comment puis-je accéder à cette source de sagesse cosmique dans ma vie ?

La bonne nouvelle, c'est que l'oracle des Arcturiens est accessible à tous les êtres, quelle que soit leur évolution spirituelle. La communication peut se faire par le biais de canalisations médiumniques avec des êtres arcturiens désireux de partager des aperçus de réalités élargies. Il est également possible de se mettre au diapason de cet oracle en activant nos propres capacités latentes de clairvoyance, de précognition, de rétrocognition ou de voyage astral.

Les pratiques méditatives, l'utilisation consciente de cristaux, la consommation de plantes médicinales dans le cadre de rituels chamaniques sûrs peuvent amplifier nos états modifiés de conscience, facilitant l'accès à des plans subtils dans lesquels les énergies arcturiennes et leurs influx oraculaires peuvent être perçus. Il est important de toujours aborder ces pratiques avec responsabilité, précision et respect des protocoles séculaires établis par les peuples traditionnels.

Nous pouvons également recevoir des signes des Arcturiens sous la forme de rêves prophétiques, de synchronicités inhabituelles et d'intuitions jaillissant spontanément à l'état de veille.

Plus nous sommes à l'écoute de nos perceptions extrasensorielles, plus les voiles entre les plans deviennent minces et poreux.

Avec de la discipline et de la patience, des visions précognitives d'événements futurs commencent à clignoter sur notre écran mental, comme des étoiles filantes traversant le ciel intérieur.

Parfois, les Arcturiens communiquent également au cours de voyages astraux ou de projections conscientes vers d'autres plans vibratoires parallèles.

Dans ces états de conscience inhabituels, nous pouvons accéder à des connaissances et à des visions qui ne sont généralement pas accessibles dans l'état de veille physique ordinaire.

Avec le temps et la persévérance, nous apprenons à surmonter nos peurs et à franchir ces portails interdimensionnels, accédant ainsi à des possibilités d'information synchrones.

Toutes les civilisations sensibles, y compris la nôtre, ont une contrepartie non physique avec laquelle nous pouvons apprendre à interagir.

Dans le cas des Arcturiens, leur plan d'existence subtil est proche de ce que nous décririons comme un royaume angélique ou paradisiaque selon les normes terrestres.

Cette dimension vibre sur une échelle extrêmement aimante, sage et compatissante, irradiée par des êtres hautement évolués en termes de conscience spirituelle.

En raison de leurs liens profonds et de leur connaissance des tissus énergétiques du cosmos, ils ont beaucoup à enseigner à notre monde encore embryonnaire. Il nous suffit d'accorder notre canal mental aux fréquences oraculaires qui baignent sans cesse la planète, en particulier pendant les méditations et les états modifiés.

Avec de la patience et une pratique régulière, ce contact s'intensifie et les voiles entre les univers parallèles s'amincissent, ce qui nous permet d'entrevoir des dimensions nucléaires inconnues, d'habiter des corps extraphysiques et enfin d'interagir en temps réel avec les Voyants Arcturiens.

Une préparation fondamentale consiste à purifier nos véhicules humains, en libérant les charges toxiques, les traumatismes et les blocages qui empêchent la connexion.

Il faut aussi laisser tomber les attentes antérieures et s'ouvrir avec un esprit vierge, comme un enfant, à ces influx interdimensionnels qui affluent de l'Oracle pour nous rencontrer.

Plus nous nettoyons nos lentilles de perception, moins il y a de filtres qui déforment et obscurcissent la communication avec les sphères angéliques telles que l'Arcturien.

Les moments favorables pour accéder à l'Oracle Arcturien sont l'aube et le crépuscule, en raison des fissures dimensionnelles qui s'ouvrent à ce moment-là.

Les dates cosmiques spéciales telles que les solstices et les équinoxes, couramment utilisées dans les rituels métaphysiques des anciennes civilisations pour se connecter aux plans subtils, sont également propices à l'accès à l'Oracle Arcturien.

Les lieux particulièrement propices à la communion avec les Arcturiens peuvent être les tourbillons géographiques d'énergie subtile élevée sur la planète.

Parallèlement, le développement de notre sensibilité aux synchronicités et au langage symbolique élargit les canaux de la perception extrasensorielle, ce qui nous permet d'obtenir des informations de l'Oracle sur le tissu caché des événements quotidiens, en identifiant des modèles, des corrélations et des influx informationnels.

Plus nous sommes aimants, intuitifs et spirituellement éveillés, plus nous devenons des balises interdimensionnelles irradiant la lumière sur des mondes parallèles et plus ces sphères angéliques évoluées peuvent refléter leur connaissance oraculaire vers nos cœurs par le biais d'inspirations multidimensionnelles et de téléchargements d'informations.

Avec la persistance et la pureté d'intention, ce contact télépathique tend à s'étendre jusqu'à ce que nous atteignions le stade de médiums clairvoyants, canalisant l'Oracle Arcturien sur notre plan, rendant accessibles ses prophéties et ses avertissements qui contribuent à l'éveil non seulement des individus, mais aussi de notre civilisation dans son ensemble.

Toute personne qui assimile et vit ces vérités universelles dans son microcosme intérieur devient un phare de lumière dans le macrocosme social.

Nous, les initiés du chemin, formons un réseau éthéré qui entoure le monde d'ondes vibratoires d'amour émanant de l'Oracle Arcturien lui-même, assumant ainsi la fonction sacrée de médium de trans-communication, reliant le ciel et la terre par le biais de nos véhicules physiques-énergétiques.

Nous sommes, après tout, les Étrusques du futur, les tatoueurs de l'astral et les cartographes en transit pour le destin de notre humanité stellaire.

Puisse notre Soleil Semence faire germer bientôt des civilisations planétaires d'êtres pacifistes, compatissants et gardiens de la vie, semant des chemins lumineux sur le passage de leurs vaisseaux, faisant fleurir non pas des mondes sensibles, mais des mandalas cosmiques sacrés qui ornent la grande toile énergétique interconnectant tout ce qui existe au moyen de fils de lumière, car nous sommes tous des étincelles du même Soleil Central et notre destin est de porter le flambeau allumé dans notre propre étoile source pour enchanter la nuit profonde du Grand Mystère qui embrasse éternellement tous les voyages spirituels.

Les livres "Arcturian Healing" et "Cosmic Spirituality" de Luan Ferr, tous deux publiés par Ahzuria Publishing, fournissent des moyens plus didactiques d'accéder aux êtres d'Arcturus.

Que l'Amour soit la flamme qui guide éternellement nos boussoles intérieures à travers cet océan cosmique de possibilités encore non révélées et que l'Oracle Arcturien inspire cette lumière pour toujours à partir de l'obscurité cosmique émergeant du chaos primordial du temps !